개정3판

스마트 경영과학

익힘문제 풀이

민재형 지음

생능

저자 소개

민재형

서강대학교 경영대학 교수로 재직 중이다. 미국 인디애나대학교(Indiana University at Bloomington)에서 의사결정학(Decision Sciences)으로 경영학 박사학위를 취득하였다. 서강대학교 경영대학장과 경영전문대학원장, (사)한국경영과학회 회장 등을 역임하였다. 좀 더 스마트한 세상을 만드는 데 기여하고자 의사결정, 과학적 경영, 비즈니스 애널리틱스(Business Analytics)에 관한 지식과 정보를 쉬운 언어로 사회에 전파하는데 힘쓰고 있다.

스마트 경영과학 익힘문제 풀이

초판발행 2016년 10월 4일
제3판1쇄 2022년 10월 4일

지은이 민재형
펴낸이 김승기, 김민정
펴낸곳 (주)생능 / **주소** 경기도 파주시 광인사길 143
출판사 등록일 2014년 1월 8일 / **신고번호** 제406-2014-000003호
대표전화 (031)955-0761 / **팩스** (031)955-0768
홈페이지 www.booksr.co.kr

책임편집 신성민 / **편집** 이종무, 김민보, 유제훈 / **디자인** 유준범, 표혜린
마케팅 최복락, 김민수, 심수경, 차종필, 백수정, 송성환, 최태웅, 명하나
인쇄 성광인쇄(주) / **제본** 일진제책사

ISBN 979-11-86689-46-2 93320

정가 10,000원

머리말

『스마트 경영과학』의 초판은 2015년 7월 독자들에게 처음 소개되었다. 그동안 독자들이 보내준 기대 이상의 성원과 조언은 2018년 12월 이 책의 개정판, 그리고 2022년 6월에 개정3판을 내놓는 계기가 되었다. 판이 거듭할수록 각 장의 익힘문제도 늘어나게 되었다. 특히, 경영과학을 혼자 공부하는 독자들의 문의와 격려는 어렵게 생각되는 수리적 내용을 쉽게 풀어쓰고자 노력한 저자에게 많은 힘이 되었다. 다만 혼자 공부하다 보니 각 장의 익힘문제를 스스로 해결하면서 그 풀이가 옳은지를 궁금해 하는 독자들이 많았다. 이러한 독자들의 불편함을 덜어주기 위한 목적에서 이 풀이집은 발간되었다.

익힘문제 풀이집은 독자들의 스스로 학습을 위해 『스마트 경영과학』 개정3판의 각 장에 있는 익힘문제의 풀이 과정을 표준적으로 제시하고 있다. 어떤 문제를 해결하는 방법은 여러 가지가 있을 수 있다. 그리고 해결 방법이 겉으로는 다르게 보이더라도 그 방법을 논리적으로 설명할 수 있고, 또 결과가 같으면 그 해결 방법도 마찬가지로 옳은 것이다. 독자들은 『스마트 경영과학』 개정3판을 학습하고, 개념 복습을 위해 익힘문지를 스스로 해결한 후 자신의 풀이 과정을 점검하는 도구로서 이 풀이집을 이용하기 바란다.

익힘문제 풀이집을 만들면서 될 수 있는 대로 독자들이 쉽게 이해할 수 있도록 풀이 과정을 구체화하기 위해 노력하였다. 풀이집을 개정하는 데 도움을 준 김태윤 조교의 노고에 고마움을 표한다. 부디 이 풀이집이 독자들의 스스로 학습에 작은 도움이 되기를 기대한다.

2022년 9월

바오로관 연구실에서 저자 씀

차례

PART Ⅰ 경영, 의사결정, 그리고 경영과학

PART Ⅱ 최적화 모형

PART Ⅲ 최적화의 응용

PART Ⅳ 효율성 평가와 스마트한 선택

PART Ⅴ 불확실성 하에서의 의사결정

스마트

경영과학

PART

I

경영, 의사결정, 그리고 경영과학

CHAPTER 01

경영과 의사결정

익힘문제

1. ②, 현대 사회의 불확실성과 복잡성 증대는 감(感), 경험, 직관에만 의존한 경영이 아닌 사실에 입각한(fact-based), 자료에 기반한(data-driven) 과학적 경영의 추구와 의사결정 방법의 학습을 필요하게 한다.

2. ④, 효과성의 수준은 목표 대비 행동 결과의 근접 정도로 측정할 수 있다.

3. ① 의사결정이란 어떤 일을 하겠다는 정신적 의지에 그치는 것이 아니라 이러한 의지에 따라 개인이나 조직의 한정된 자원을 돌이킬 수 없게 배분하는 일까지를 포함한다. ② 내가 선택하지 않은 대안의 결과는 결코 알 수 없다.

4. ④, 올바른 문제해결을 위해서는 기술적인 측면과 과학적인 측면의 상호보완적 결합이 필요하다.

5. ④, 의사결정의 기술적인 접근(행태적인 접근)은 예측가능하고(predictable), 체계적인(systematic) 판단착오를 가져온다. 따라서 보기 ④의 내용은 옳다. 하지만 보기 ①, ②, ③은 각각 잘못된 내용을 담고 있다. 보기 ①은 규범적인 접근에 대한 설명이고, 보기 ②는 규범적인 접근에 대해 잘못 설명하고 있다. 그리고 보기 ③에서의 처방적인 접근이란 잘못된 판단 습관을 교정하기 위한 과학적인 방법뿐만 아니라 간단한 실무적 방법과 처방도 포함한다.

6. ④, "성공에 안주하지 말고 계속 전진하라"는 말로 선례의 함정과 성공으로부터 생겨날 수 있는 자만심을 경계(警戒)하는 말이다.

7. ④, 휴리스틱은 인지적 판단착오(cognitive biases)를 일으킨다. 동기적 판단착오란 고의성이 있는 판단착오로 어떤 인센티브에 의해 본인이 알면서도 일부러 일으키는 판단착오를 말한다. 인지적 판단착오란 인간 두뇌의 한계 때문에 발생하는 고의성이 없는 판단착오를 말한다.

8. ②, 보기 ①, ③, ④는 각각 잘못된 내용을 담고 있다. 보기 ①은 시스템 2에 대한 내용이다. 보기 ③에서 인간이 문제 해결을 위해 먼저 가동하는 사고체계는 시스템 1이다. 보기 ④는 시스템 2에 관한 내용이다.

9. ②, 인간은 여러 가지 정보를 동시에 처리하는(병렬처리) 능력이 부족하므로 인간의 정보처리는 점진적이고 순차적으로 이루어지는(축차처리) 특성을 갖는다. 즉, 인간정보처리의 한계는 정보의 병렬처리가 아니라 정보의 축차처리이다.

10. ④, 보기 ①, ②, ③은 마법의 숫자 7, ±2가 뜻하는 인간의 인지적 한계의 예이다.

11. 효과성, 효율성

12. ① 효율성과 효과성을 모두 놓치는 조직이다. 지향점이 잘못되어 의드한 결과를 얻지 못할 뿐 아니라 조직의 자원도 헛되이 낭비하는 행태를 보이는 조직이다.
② 잘못된 지향점을 향해 효율적으로 일을 처리하는 조직이다. 자기 생각에는 일을 잘한다고 여기나 결과는 항상 잘못될 수밖에 없다. 헛똑똑이와 같은 행태를 보이는 조직이다.
③ 가고자 하는 방향은 제대로 설정했으나 일을 하는 방법이 잘못된 조직이다. 원하는 결과를 얻기까지 많은 자원의 낭비를 가져온다. 항상 추종자(followers)의 위치에 머물게 된다.

13. 정보통신기술의 발달과 함께 파레토법칙이 롱테일법칙으로 바뀌는 것과 같이 시장의 변화, 기술의 진보, 이해관계자의 욕구 충돌 및 다양화 등에 따라 이제는 더 이상 들어맞기 힘든 경험칙을 수강생 자신의 업무나 일상생활에서 발견해 보자.

14. '성공의 적은 성공'이라는 말처럼 성공은 자만심을 유도하여 과거의 성공방정식에 매몰되게 할 위험이 있다. '넘버원(No. 1)의 가장 큰 적은 자만심'이라는 말처럼 과거 위대한 기업들이 자만심 때문에 허물어진 사례는 수없이 많다. 또한 우연히 이루어진 성공도 자기 덕분이라는 자기 위주 편향(self-serving bias)에 빠질 위험도 있다. 아울러 조직구성원들이 실패는 해서는 안 되는 '나쁜' 것으로 여기게끔 유도하고, 당시로서는 최선의 결정이었으나 예기치 못한 변수의 출현으로 불가피하게 일어난 실패도 쉬쉬 감추도록 하여 실패로부터 배울 수 있는 기회조차 얻지 못하게 한다. 이 때문에 조직에서 발생하는 실패의 빈도나 실패율은 실제보다 훨씬 낮게 은폐될 우려가 있으며 건강한 시행착오를 터부시하는 잘못된 조직 행태를 가져올 수 있다. '실패하지 않는 유일한 방법은 아무 일도 하지 않는 것'이라는 말은 이런 점에서 의미심장하다.

CHAPTER 02

과학적 문제해결 접근방식

익힘문제

1. ②, 경영과학이란 과학적 방법을 이용하여 경영관리자의 의사결정을 보조해 주는 지식의 총체이다. 즉. 경영과학이란 학문 분야가 인간을 대신해 의사결정을 수행하는 것이 아니라 인간이 더 나은 의사결정을 수행할 수 있도록 과학적 방법과 절차를 통해 도와주는 역할을 한다.

2. ②, 현명한 경영자라면 서울로 가는 목표를 달성하는 데서 그치지 말고 가장 좋은 방법으로 그 목표를 달성하는 것이 요구된다.

3. ④, 사전에 방지할 수 있는 불필요한 피드백은 최소한으로 줄이는 것이 바람직하다.

4. ④, 보기 ④는 대안중심적 사고(alternative-focused thinking)에 대한 설명이다.

5. ⑤, 보기 ①, ②, ③, ④는 모두 모형화에 대한 옳은 설명을 담고 있다.

6. ④, 보기 ④를 제외한 나머지 보기 모두는 당면한 문제상황을 수리적 모형으로 변환하는 이유로 타당하다. 보기 ④는 질문과의 연관성이 없다.

7. 인간은 보통 적극적인 의사결정자인 경우보다 수동적인 의사결정자인 경우가 많다. 또한, 선택이나 결정을 미루거나 회피하는 선택장애, 결정장애, 햄릿증후군 현상도 목격할 수 있다. 따라서 기본값(default)은 많은 제도에서 매우 중요한 역할을 한다. 예를 들어, 신차를 구입하기 위해 자동차 딜러를 방문해브라. 귀하에게 기본 옵션 가격을 우선 제시하고 필요한 옵션을 추가하라는 딜러와 풀옵션 가격을 우선 제시하고 필요 없는 옵션을 제거하라는 딜러 중 누가 높은 가격으로 차를 팔까? 후자이다.

결국, 후자의 딜러를 만나면 소비자는 그다지 필요 없는 옵션까지 포함된 차를 높은 가격으로 구입하는 것이 일반적이다. 인간의 손실회피성향(loss-aversion), 현상유지편향(status-quo bias) 등이 개입되어 자신에게 먼저 제시된 옵션에서 그리 멀리 벗어나지 않는 행태를 보이기 때문이다. 이 경우, 딜러로서는 더 비싼 가격으로 차를 팔아 바람직하겠지만, 소비자로서는 필요 없는 옵션도 포함해 찻값을 지불하는 결과를 맞게 된다.

스마트
경영과학

PART
Ⅱ
최적화 모형

CHAPTER 03

최적화와 선형계획법

익힘문제

1. ③, 어느 한 제약조건이라도 만족시키지 못하는 해는 실행불가능하다.

2. ②, 보기 ①, ③, ④는 모두 선형이 아니다.

3. ①, A는 현실제약을 나타내는 제약조건들, B는 선호 기준인 목적함수, 그리고 C는 실행 가능한 대안 중 목적함수의 값을 가장 크게(또는 작게) 하는 최적대안을 나타낸다.

4. ⑤, 보기 ①은 문제의 제약조건을 나타내는 식이나 선형이 아니므로 선형계획모형의 제약조건으로 올바르지 않다. 보기 ①을 선형의 식으로 올바르게 변환한 것은 보기 ⑤이다.

5. ④, 문제의 투자지침인 $B \le 0.5(A+B+C)$를 올바르게 풀어 쓴 식은 보기 ④이다.

6. ②, X_2의 새로운 목적함수계수 '6'이 목적함수계수 범위 내에 있으므로 의사결정변수의 값은 변하지 않으나 목적함수계수가 '8'에서 '6'으로 '2'만큼 감소하였으므로 목적함수 값은 2(6)=12만큼 감소한다.

7. ②, 첫 번째 제약조건(≥우변항 형태)의 우변항이 한 단위 증가함은 현재보다 요구조건이 증가함(까다로워졌음)을 의미한다. 따라서 최대화 형태의 목적함수 값은 해당 제약조건이 속박적인지의 여부에 따라 현재보다 감소하거나 또는 그대로 유지된다.

8. ②, 해당 제약조건의 우변항은 이용 가능한 투자자금으로 '≤' 형태의 제약조건이 다. 따라서 해당 제약조건의 잠재가격은 우변항(투자자금)이 한 단위 증가할 경우 목적함수 값(기대수익)의 증가분을 나타내므로 보기 ②의 설명이 올바르다.

9. ④, 쌍대모형(dual model)의 목적함수 형태는 원모형(primal model)과 반대인 MAX, 그리고 의사결정변수의 수는 원모형의 제약조건 수인 5, 제약조건의 수는 원모형의 의사결정변수의 수인 4가 된다.

10. (1) 옳다.

(2) 실행가능지역의 ~~확대~~(→ 축소)를 의미한다.

(3) 목적함수 값은 더 ~~작을~~(→ 클) 수 없다.

11. $\left(\frac{X_1}{X_2}\right) = c\binom{0}{5} + (1-c)\binom{4}{1}$, 따라서 $0 \le c \le 1$

12. (1) $(X_1, X_2)^* = (5, 3)$, $Z = 30$

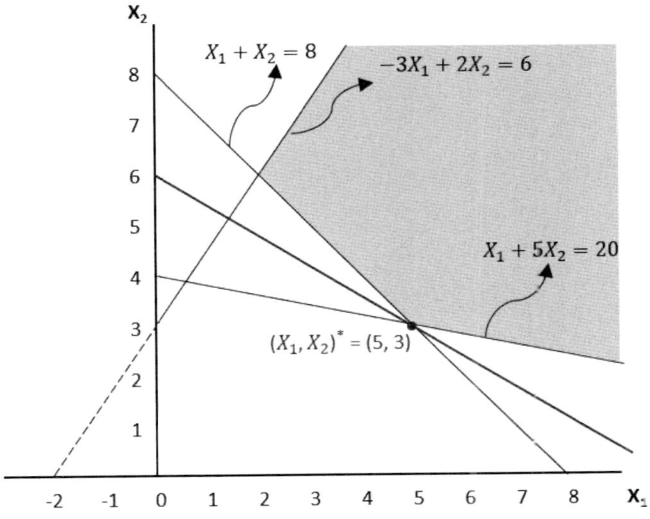

(2) 속박적: $X_1 + 5X_2 \geq 20$, $X_1 + X_2 \geq 8$

비속박적: $-3X_1 + 2X_2 \leq 6$

(3) $-1 \leq -\dfrac{3}{C_2} \leq -\dfrac{1}{5} \rightarrow 3 \leq C_2 \leq 15$

(4) 두 번째 제약조건의 잠재가격=0

→ 두 번째 제약조건($-3X_1 + 2X_2 \leq 6$)의 우변항을 한 단위 증가시켜도 목적함수 값은 변화가 없다. 해당 제약조건은 최적해에서 비속박적으로 여유분(slack)이 15만큼 존재하기 때문이다.

13. (1) X_1: SUV 일일 생산량 (단위: 대), X_2: 트럭 일일 생산량 (단위: 대)

$MAX\ Z = 20X_1 + 30X_2$ (단위: 만원)

$s.t.\ X_1 + X_2 \leq 50$ (조립공정 제약)

$2X_1 + 3X_2 \leq 120$ (마무리공정 제약)

$X_1 \geq 20$ (수요제약)

$X_1, X_2 \geq 0$ (비음제약)

(2) 복수해 발생

$(X_1, X_2) = (20, \frac{80}{3})$과 $(X_1, X_2) = (30, 20)$을 잇는 선분 위의 모든 점이 최적해

$\begin{pmatrix} X_1 \\ X_2 \end{pmatrix} = c\begin{pmatrix} 20 \\ 80/3 \end{pmatrix} + (1-c)\begin{pmatrix} 30 \\ 20 \end{pmatrix}$, 여기서 $0 \leq c \leq 1$, $Z = 1200$

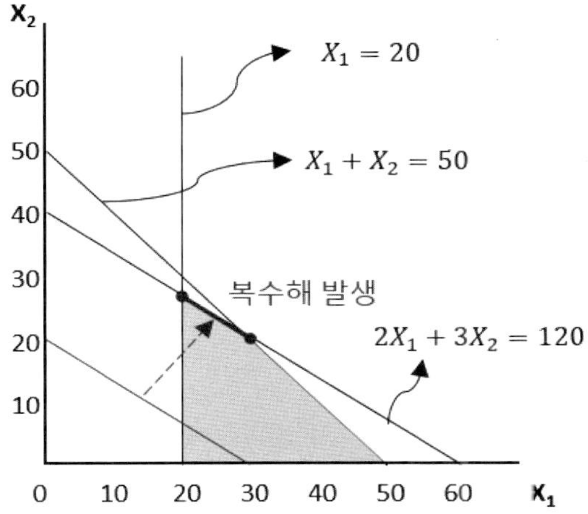

(3) $(X_1, X_2) = (20, \frac{80}{3})$에서 $X_1 + X_2 \le 50$ 이외의 2개 제약조건은 속박적 제약조건이다. $(X_1, X_2) = (30, 20)$에서는 $X_1 \ge 20$ 이외의 2개 제약조건은 속박적 제약조건이다. 하지만 위의 두 점 이외의 선분 위의 복수 최적해에서는 $2X_1 + 3X_2 \le 120$ 제약조건만 속박적이다.

(4) $-1 \le -\frac{C_1}{30} \le -\frac{2}{3} \rightarrow 20(\text{만원}) \le C_1 \le 30(\text{만원})$

(5) 제약조건 $X_1 \ge 20$의 우변항이 한 단위 증가하므로 요구량이 커진 것이다. 따라서 목적함수 값은 감소하거나 현재 상태로 유지될 것으로 예상된다. 복수해가 존재하는 경우이므로 우변항이 한 단위 증가해도 그래프를 보면 목적함수 값은 변화가 없다. 따라서 잠재가격=0이다.

(6) ① 비례성이란 목적함수와 제약조건의 좌변항 값이 의사결정변수의 값에 비례함을 의미한다. 이 예에서 목적함수와 제약조건의 좌변항 값은 SUV와 트럭 각각의 생산량에 비례하여 증가하거나 감소함을 말한다.
② 가산성이란 목적함수와 제약조건의 좌변항 값이 각 의사결정변수가 기여한 몫의 합과 같음을 의미한다. 가산성은 각 의사결정변수가 목적함수나 제약

조건 좌변항에 기여한 몫은 다른 의사결정변수의 값과는 독립적이라는 의미도 함의한다. 위 예에서 SUV와 트럭 각각의 기여분의 합이 목적함수와 제약조건의 좌변항 값을 이루며, SUV의 기여분은 트럭의 생산량과는 독립적으로 목적함수나 제약조건의 좌변항 값에 기여함을 의미한다.

14. M_1: 제품1 자체생산량 (단위: 파운드), B_1: 제품1 외부 구입량 (단위: 파운드)
M_2: 제품2 자체생산량 (단위: 파운드), B_2: 제품2 외부 구입량 (단위: 파운드)
M_3: 제품3 자체생산량 (단위: 파운드), B_3: 제품3 외부 구입량 (단위: 파운드)

$MIN\ Z = 2.50M_1 + 2.80B_1 + 1.75M_2 + 2.50B_2 + 2.90M_3 + 3.25B_3$ (단위: $)
$s.t.\ M_1 + B_1 \geq 2000$ (제품1 수요)
$M_2 + B_2 \geq 3500$ (제품2 수요)
$M_3 + B_3 \geq 1800$ (제품3 수요)
$0.05M_1 + 0.04M_2 + 0.01M_3 \leq 200$ (반응장치1 제약)
$0.02M_1 + 0.06M_2 + 0.03M_3 \leq 150$ (반응장치2 제약)
$M_1, M_2, M_3, B_1, B_2, B_3 \geq 0$

15. X_1: 보석상자 생산량 (단위: 개)
X_2: 작은상자 생산량 (단위: 개)
X_3: 트렁크 생산량 (단위: 개)

$MAX\ Z = 9X_1 + 20X_2 + 30X_3$ (단위: 천원)
$s.t.\ 4X_1 + 6X_2 + 10X_3 \leq 180$ (제조시간 제약)
$2.5(4X_1 + 12X_2 + 18X_3) \leq 610$ (판재요구량 제약, 단위: 천원)
$360X_1 + 3456X_2 + 8100X_3 \leq 58752$ (창고 제약)
$X_1 \geq 3$ (보석상자 주문량 제약)
$X_3 \geq 1$ (트렁크 주문량 제약)
$X_1, X_2, X_3 \geq 0$

16. X_1: 옥수수 경작면적 (단위: 에이커), X_2: 콩 경작면적 (단위: 에이커)

X_3: 밀 경작면적 (단위: 에이커), X_4: 팥 경작면적 (단위: 에이커)

$MAX\ Z = 300X_1 + 240X_2 + 200X_3 + 240X_4$ (단위: $)

$s.t.\ X_1 + X_2 + X_3 + X_4 \le 350$ (전체 경작면적 제약)

$X_2 \le 150$ (콩 경작면적 제약)

$X_4 \ge 35$ (팥 경작면적 제약)

$40X_1 + 30X_2 + 20X_3 + 45X_4 \le 17280$ (시간 제약, 단위: 분)

$X_1,\ X_2,\ X_3,\ X_4 \ge 0$

17. X_1: 선임설계사가 제작하는 설계도 (단위: 개)

X_2: 견습설계사가 제작하는 설계도 (단위: 개)

X_3: 선임설계사와 견습설계사가 함께 제작하는 설계도 (단위: 개)

$MAX\ Z = [850 - 4(150)]X_1 + [850 - 5(80)]X_2 + [850 - 1.5(150) - 2(80)]X_3$

$= 250X_1 + 450X_2 + 465X_3$ (단위: 천원)

$s.t.\ 4X_1 + 1.5X_3 \le 750$ (선임설계사 노동시간 제약)

$5X_2 + 2X_3 \le 1000$ (견습설계사 노동시간 제약)

$7X_1 + 10X_2 + 15X_3 \le 3200$

(감독기사 노동시간 제약, 감독기사 1일 8시간 근무 가정)

$X_1,\ X_2,\ X_3 \ge 0$

18. X_j: 재단 방법 j를 이용해 재단한 표준형 두루마리 수 ($j = 1, 2, 3, 4, 5, 6$)

$MIN\ Z = X_2 + X_3$ (파지의 양)

$s.t.\ 2X_3 + X_4 + 3X_5 + 5X_6 \ge 200$ (2피트 폭 주문량, 단위: 개)

$X_2 + 2X_4 + X_5 \ge 56$ (4피트 폭 주문량, 단위: 개)

$2X_1 + X_2 + X_3 \ge 142$ (5피트 폭 주문량, 단위: 개)

모든 $X_j \ge 0$ ($j = 1, 2, 3, 4, 5, 6$)

19. X_1: 아몬드크런치 생산량 (단위: 파운드)

X_2: 피칸딜라이트 생산량 (단위: 파운드)

X_3: 월넛수프림 생산량 (단위: 파운드)

Y_{ij}: 제품 i에 들어가는 초콜릿 j의 양 ($i=1,2,3,\ \ j=A,B,C$) (단위: 파운드)

$$MAX\ Z = 6600X_1 + 4950X_2 + 6000X_3 - 2600(Y_{1A}+Y_{2A}+Y_{3A}) - 2400(Y_{1B}+Y_{2B}+Y_{3B}) - 2200(Y_{1C}+Y_{2C}+Y_{3C})$$

$s.t.$ $Y_{1A} \ge 0.5X_1,\ Y_{1B} = 0.25X_1,\ Y_{1C} \le 0.4X_1$ (아몬드크런치 배합 기준)

$Y_{2A} \ge 0.4X_2,\ Y_{2B} \ge 0.25X_2,\ Y_{2B} \le 0.35X_2,\ Y_{2C} \le 0.6X_2$ (피칸딜라이트 배합기준)

$Y_{3A} \le 0.6X_3,\ Y_{3B} = 0.35X_3,\ Y_{3C} \ge 0.2X_3$ (월넛수프림 배합기준)

$Y_{1A}+Y_{1B}+Y_{1C} = 0.9X_1,\ Y_{2A}+Y_{2B}+Y_{2C} = 0.9X_2,$

$Y_{3A}+Y_{3B}+Y_{3C} = 0.9X_3$ (과자별 초콜릿 함유비율)

$Y_{1A}+Y_{2A}+Y_{3A} \le 450,\ Y_{1B}+Y_{2B}+Y_{3B} \le 475,\ Y_{1C}+Y_{2C}+Y_{3C} \le 650$ (초콜릿 구매제약, 단위: 파운드)

모든 $X_i, Y_{ij} \ge 0$ ($i=1,2,3,\ \ j=A,B,C$)

20. X_j: 시간대 j에 근무를 시작하는 경찰관의 수 ($j=1,2,3,4,5,6$)

즉, X_1: 자정~오전 8시 시간대에 근무하는 경찰관의 수 (단위: 명)

X_2: 새벽 4시~정오 시간대에 근무하는 경찰관의 수 (단위: 명)

X_3: 오전 8시~오후 4시 시간대에 근무하는 경찰관의 수 (단위: 명)

X_4: 정오~저녁 8시 시간대에 근무하는 경찰관의 수 (단위: 명)

X_5: 오후 4시~자정 시간대에 근무하는 경찰관의 수 (단위: 명)

X_6: 저녁 8시~새벽 4시 시간대에 근무하는 경찰관의 수 (단위: 명)

$$MIN\ Z = X_1 + X_2 + X_3 + X_4 + X_5 + X_6$$

$s.t.$ $X_1 + X_6 \ge 8$ (자정~새벽 4시 제약)

$X_1 + X_2 \ge 7$ (새벽 4시~오전 8시 제약)

$X_2 + X_3 \geq 6$ (오전 8시~정오 제약)

$X_3 + X_4 \geq 6$ (정오~오후 4시 제약)

$X_4 + X_5 \geq 5$ (오후 4시~저녁 8시 제약)

$X_5 + X_6 \geq 4$ (저녁 8시~자정 제약)

모든 $X_j \geq 0$

21. (1) X_1: 근무조 1의 근무자 수 (정규직, 단위: 명)

$X_2 \sim X_5$: 근무조 2~5의 근무자 수 (파트타임, 단위: 명)

Y_i: 시간대 i에 서비스를 받지 못하는 고객의 수 (단위: 명)

① 제 시간대에 서비스를 받지 못하는 고객이 이탈하는 경우

$MIN\ Z = 8.50(8X_1 + 4X_2 + 5X_3 + 3X_4 + 3X_5) + 6.50(Y_1 + Y_2 + Y_3$
$+ Y_4 + Y_5 + Y_6 + Y_7 + Y_8 + Y_9)$

$s.t.\ 20X_1 + 25X_2 \geq 50 - Y_1$ (오전 9시~오전 10시 제약)

$20X_1 + 25X_2 \geq 75 - Y_2$ (오전 10시~오전 11시 제약)

$20X_1 + 25X_2 + 25X_4 \geq 150 - Y_3$ (오전 11시~정오 제약)

$25X_2 + 25X_4 \geq 160 - Y_4$ (정오~오후 1시 제약)

$20X_1 + 25X_3 + 25X_4 \geq 150 - Y_5$ (오후 1시~오후 2시 제약)

$20X_1 + 25X_3 \geq 75 - Y_6$ (오후 2시~오후 3시 제약)

$20X_1 + 25X_3 + 25X_5 \geq 58 - Y_7$ (오후 3시~오후 4시 제약)

$20X_1 + 25X_3 + 25X_5 \geq 93 - Y_8$ (오후 4시~오후 5시 제약)

$20X_1 + 25X_3 + 25X_5 \geq 88 - Y_9$ (오후 5시~오후 6시 제약)

$X_1 + X_2 \leq 6$ (오전 9시~오전 10시 창구제약)

$X_1 + X_2 \leq 6$ (오전 10시~오전 11시 창구제약)

$X_1 + X_2 + X_4 \leq 6$ (오전 11시~정오 창구제약)

$X_2 + X_4 \leq 6$ (정오~오후 1시 창구제약)

$X_1 + X_3 + X_4 \leq 6$ (오후 1시~오후 2시 창구제약)

$X_1 + X_3 \leq 6$ (오후 2시~오후 3시 창구제약)

$X_1 + X_3 + X_5 \le 6$ (오후 3시~오후 6시 창구제약)

모든 $X_j,\ Y_i \ge 0\ (j = 1 \sim 5,\ i = 1 \sim 9)$

② 제 시간대에 서비스를 받지 못하는 고객이 다음 시간대로 이월되는 경우

$MIN\ Z = 8.50(8X_1 + 4X_2 + 5X_3 + 3X_4 + 3X_5) + 6.50(Y_1 + Y_2 + Y_3$
$+ Y_4 + Y_5 + Y_6 + Y_7 + Y_8 + Y_9)$

$s.t.$ $20X_1 + 25X_2 \ge 50 - Y_1$ (오전 9시~오전 10시 제약)

$20X_1 + 25X_2 \ge 75 - Y_2 + Y_1$ (오전 10시~오전 11시 제약)

$20X_1 + 25X_2 + 25X_4 \ge 150 - Y_3 + Y_2$ (오전 11시~정오 제약)

$25X_2 + 25X_4 \ge 160 - Y_4 + Y_3$ (정오~오후 1시 제약)

$20X_1 + 25X_3 + 25X_4 \ge 150 - Y_5 + Y_4$(오후 1시~오후 2시 제약)

$20X_1 + 25X_3 \ge 75 - Y_6 + Y_5$ (오후 2시~오후 3시 제약)

$20X_1 + 25X_3 + 25X_5 \ge 58 - Y_7 + Y_6$ (오후 3시~오후 4시 제약)

$20X_1 + 25X_3 + 25X_5 \ge 93 - Y_8 + Y_7$ (오후 4시~오후 5시 제약)

$20X_1 + 25X_3 + 25X_5 \ge 88 - Y_9 + Y_8$ (오후 5시~오후 6시 제약)

$X_1 + X_2 \le 6$ (오전 9시~오전 10시 창구제약)

$X_1 + X_2 \le 6$ (오전 10시~오전 11시 창구제약)

$X_1 + X_2 + X_4 \le 6$ (오전 11시~정오 창구제약)

$X_2 + X_4 \le 6$ (정오~오후 1시 창구제약)

$X_1 + X_3 + X_4 \le 6$ (오후 1시~오후 2시 창구제약)

$X_1 + X_3 \le 6$ (오후 2시~오후 3시 창구제약)

$X_1 + X_3 + X_5 \le 6$ (오후 3시~오후 6시 창구제약)

모든 $X_j,\ Y_i \ge 0\ (j = 1 \sim 5,\ i = 1 \sim 9)$

주) Y_9는 마지막 시간대에 들어와 제 시간대에 서비스를 받지 못하지만 결국은 은행 폐점 이전에 서비스를 받게 된다. 하지만 제 시간대에 서비스를 받지 못함으로 인해 penalty cost는 발생한다.

(2) (1)의 가정 ①, ②의 모형 각각에 제약조건 '$X_1 \geq 1$'만 추가, 그 외 의사결정 변수, 목적함수, 제약조건은 동일하다.

① 제 시간대에 서비스를 받지 못하는 고객이 이탈하는 경우

(1)의 최적해: 비용 \$389.36,

$X_2 = 3,\ X_3 = 3,\ X_4 = 3, X_5 = 0.72,\ Y_4 = 10$

(2)의 최적해: 비용 \$618.56,

$X_1 = 1,\ X_2 = 2.2,\ X_3 = 2.2,\ X_4 = 2.8, X_5 = 0.72,$

$Y_3 = 5,\ Y_4 = 35,\ Y_5 = 5$

즉, 정규 출납원이 한 명 이상 근무해야 하는 조건으로 인해 \$229.2의 추가 비용이 발생한다.

② 제 시간대에 서비스를 받지 못하는 고객이 다음 시간대로 이월되는 경우

(1)의 최적해: 비용 \$464.56,

$X_2 = 3.4,\ X_3 = 3.4,\ X_4 = 2.6,\ X_5 = 0.32,\ Y_4 = 10,\ Y_5 = 10$

(2)의 최적해: 비용 \$984.5,

$X_1 = 1,\ X_2 = 4,\ X_3 = 4,\ X_4 = 1,\ Y_3 = 5,\ Y_4 = 40,\ Y_5 = 45$

즉, 정규 출납원 근무 조건으로 인해 \$519.94의 추가 비용이 발생한다.

주) 의사결정변수의 값을 정수로 만들기 원하는 경우 의사결정변수에 정수 조건을 추가할 수 있다. 5장의 정수계획모형 참조하라. 여기서는 선형계획모형의 해이므로 소수점으로 최적해가 산출되었다.

CHAPTER 04

해 찾기를 이용한 모형의 분석

| 익힘문제 |

1. ②, '부분적 만족'이라는 우리 말 번역을 보면 마치 최적해를 해당 제약조건에 대입했을 때 해당 제약조건이 부분적으로 만족되지 않는 것으로 오해할 수 있는데, 이는 마이크로스프트에서 우리 말 번역을 잘못한 것이다. 제약조건은 모두 동시에 만족되어야 한다. '부분적 만족'의 올바른 표현은 해당 제약조건이 '비속박적(nonbinding)'이라는 것으로, 최적해를 해당 제약조건에 대입했을 때 해당 제약조건이 등호로 성립하지 않고 엄격한 부등호로 성립함을 의미한다.

2. =SUMPRODUCT(A1:E1,A2:E2)

3. Z = 102900, X_1 = 315, X_2 = 0, X_3 = 0, X_4 = 35

   〈3장 16번 모형〉

   X_1: 옥수수 경작면적 (단위: 에이커), X_2: 콩 경작면적 (단위: 에이커)

   X_3: 밀 경작면적 (단위: 에이커), X_4: 팥 경작면적 (단위: 에이커)

   $MAX\ Z = 300X_1 + 240X_2 + 200X_3 + 240X_4$ (단위: $)

   $s.t.\ X_1 + X_2 + X_3 + X_4 \le 350$ (전체 경작면적 제약)

   $X_2 \le 150$ (콩 경작면적 제약)

   $X_4 \ge 35$ (팥 경작면적 제약)

   $40X_1 + 30X_2 + 20X_3 + 45X_4 \le 17280$ (시간 제약, 단위: 분)

   $X_1, X_2, X_3, X_4 \ge 0$

4. $Z = 132857.14,\ X_1 = 171.43,\ X_2 = 200,\ X_3 = 0$

〈3장 17번 모형〉

X_1: 선임설계사가 제작하는 설계도 (단위: 개)

X_2: 견습설계사가 제작하는 설계도 (단위: 개)

X_3: 선임설계사와 견습설계사가 함께 제작하는 설계도 (단위: 개)

$$MAX\ Z = [850-4(150)]X_1 + [850-5(80)]X_2 + [850-1.5(150)-2(80)]X_3$$
$$= 250X_1 + 450X_2 + 465X_3 \text{ (단위: 천원)}$$

$s.t.\ 4X_1 + 1.5X_3 \le 750$ (선임설계사 노동시간 제약)

$5X_2 + 2X_3 \le 1000$ (견습설계사 노동시간 제약)

$7X_1 + 10X_2 + 15X_3 \le 3200$

(감독기사 노동시간 제약, 감독기사 1일 8시간 근무 가정)

$X_1,\ X_2,\ X_3 \ge 0$

5. $Z = 0,\ X_1 = 71,\ X_2 = 0,\ X_3 = 0,\ X_4 = 0,\ X_5 = 66.7,\ X_6 = 0$

〈3장 18번 모형〉

X_j: 재단 방법 j를 이용해 재단한 표준형 두루마리 수 $(j = 1, 2, 3, 4, 5, 6)$

$MIN\ Z = X_2 + X_3$ (파지의 양)

$s.t.\ 2X_3 + X_4 + 3X_5 + 5X_6 \ge 200$ (2피트 폭 주문량, 단위: 개)

$X_2 + 2X_4 + X_5 \ge 56$ (4피트 폭 주문량, 단위: 개)

$2X_1 + X_2 + X_3 \ge 142$ (5피트 폭 주문량, 단위: 개)

모든 $X_j \ge 0\ (j = 1, 2, 3, 4, 5, 6)$

6. $Z = 6705428.57,\ X_1 = 900,\ X_2 = 0,\ X_3 = 714.29,\ Y_{1A} = 450,\ Y_{1B} = 225,$
$Y_{1C} = 135,\ Y_{2A} = 0,\ Y_{2B} = 0,\ Y_{2C} = 0,\ Y_{3A} = 0,\ Y_{3B} = 250,\ Y_{3C} = 392.86$

〈3장 19번 모형〉

X_1: 아몬드크런치 생산량 (단위: 파운드)

X_2: 피칸딜라이트 생산량 (단위: 파운드)

X_3: 월넛수프림 생산량 (단위: 파운드)

Y_{ij}: 제품 i에 들어가는 초콜릿 j의 양 ($i=1,2,3,\ \ j=A,B,C$) (단위: 파운드)

$MAX\ Z = 6600X_1 + 4950X_2 + 6000X_3 - 2600(Y_{1A}+Y_{2A}+Y_{3A})$
$\quad - 2400(Y_{1B}+Y_{2B}+Y_{3B}) - 2200(Y_{1C}+Y_{2C}+Y_{3C})$

$s.t.$ $Y_{1A} \ge 0.5X_1,\ Y_{1B}=0.25X_1,\ Y_{1C} \le 0.4X_1$ (아몬드크런치 배합기준)

$Y_{2A} \ge 0.4X_2,\ Y_{2B} \ge 0.25X_2,\ Y_{2B} \le 0.35X_2,\ Y_{2C} \le 0.6X_2$

(피칸딜라이트 배합기준)

$Y_{3A} \le 0.6X_3,\ Y_{3B}=0.35X_3,\ Y_{3C} \ge 0.2X_3$ (월넛수프림 배합기준)

$Y_{1A}+Y_{1B}+Y_{1C}=0.9X_1,\ Y_{2A}+Y_{2B}+Y_{2C}=0.9X_2, Y_{3A}+Y_{3B}+Y_{3C}$
$=0.9X_3$ (과자별 초콜릿 함유비율)

$Y_{1A}+Y_{2A}+Y_{3A} \le 450,\ Y_{1B}+Y_{2B}+Y_{3B} \le 475,\ Y_{1C}+Y_{2C}+Y_{3C} \le 650$

(초콜릿 구매제약, 단위: 파운드)

모든 $X_i, Y_{ij} \ge 0$ ($i=1,2,3,\ \ j=A,B,C$)

7. $Z = 19,\ X_1 = 8,\ X_2 = 0,\ X_3 = 6,\ X_4 = 0,\ X_5 = 5,\ X_6 = 0$

〈3장 20번 모형〉

X_j: 시간대 j에 근무를 시작하는 경찰관의 수 ($j=1,2,3,4,5,6$)

즉, X_1: 자정~오전 8시 시간대에 근무하는 경찰관의 수 (단위: 명)

X_2: 새벽 4시~정오 시간대에 근무하는 경찰관의 수 (단위: 명)

X_3: 오전 8시~오후 4시 시간대에 근무하는 경찰관의 수 (단위: 명)

X_4: 정오~저녁 8시 시간대에 근무하는 경찰관의 수 (단위: 명)

X_5: 오후 4시~자정 시간대에 근무하는 경찰관의 수 (단위: 명)

X_6: 저녁 8시~새벽 4시 시간대에 근무하는 경찰관의 수 (단위: 명)

$MIN\ Z = X_1+X_2+X_3+X_4+X_5+X_6$

$s.t.$ $X_1+X_6 \ge 8$ (자정~새벽 4시 제약)

$X_1+X_2 \ge 7$ (새벽 4시~오전 8시 제약)

$X_2+X_3 \ge 6$ (오전 8시~정오 제약)

$X_3 + X_4 \geq 6$ (정오~오후 4시 제약)

$X_4 + X_5 \geq 5$ (오후 4시~저녁 8시 제약)

$X_5 + X_6 \geq 4$ (저녁 8시~자정 제약)

모든 $X_i \geq 0$

8. (1) ① 제 시간대에 서비스를 받지 못하는 고객이 이탈하는 경우

$Z = 389.36$, $X_1 = 0$, $X_2 = 3$, $X_3 = 3$, $X_4 = 3$, $X_5 = 0.72$, $Y_1 = 0$, $Y_2 = 0$, $Y_3 = 0$, $Y_4 = 10$, $Y_5 = 0$, $Y_6 = 0$, $Y_7 = 0$, $Y_8 = 0$, $Y_9 = 0$

〈3장 21번 (1) ①의 모형〉

X_1: 근무조 1의 근무자 수 (정규직, 단위: 명)

$X_2 \sim X_5$: 근무조 2~5의 근무자 수 (파트타임, 단위: 명)

Y_i: 시간대 i에 서비스를 받지 못하는 고객의 수 (단위: 명)

$$MIN\ Z = 8.50(8X_1 + 4X_2 + 5X_3 + 3X_4 + 3X_5) + 6.50(Y_1 + Y_2 + Y_3 + Y_4 + Y_5 + Y_6 + Y_7 + Y_8 + Y_9)$$

$s.t.$ $20X_1 + 25X_2 \geq 50 - Y_1$ (오전 9시~오전 10시 제약)

$20X_1 + 25X_2 \geq 75 - Y_2$ (오전 10시~오전 11시 제약)

$20X_1 + 25X_2 + 25X_4 \geq 150 - Y_3$ (오전 11시~정오 제약)

$25X_2 + 25X_4 \geq 160 - Y_4$ (정오~오후 1시 제약)

$20X_1 + 25X_3 + 25X_4 \geq 150 - Y_5$ (오후 1시~오후 2시 제약)

$20X_1 + 25X_3 \geq 75 - Y_6$ (오후 2시~오후 3시 제약)

$20X_1 + 25X_3 + 25X_5 \geq 58 - Y_7$ (오후 3시~오후 4시 제약)

$20X_1 + 25X_3 + 25X_5 \geq 93 - Y_8$ (오후 4시~오후 5시 제약)

$20X_1 + 25X_3 + 25X_5 \geq 88 - Y_9$ (오후 5시~오후 6시 제약)

$X_1 + X_2 \leq 6$ (오전 9시~오전 10시 창구제약)

$X_1 + X_2 \leq 6$ (오전 10시~오전 11시 창구제약)

$X_1 + X_2 + X_4 \leq 6$ (오전 11시~정오 창구제약)

$X_2 + X_4 \leq 6$ (정오~오후 1시 창구제약)

$X_1 + X_3 + X_4 \leq 6$ (오후 1시~오후 2시 창구제약)

$X_1 + X_3 \leq 6$ (오후 2시~오후 3시 창구제약)

$X_1 + X_3 + X_5 \leq 6$ (오후 3시~오후 6시 창구제약)

모든 $X_j,\ Y_i \geq 0$ $(j = 1 \sim 5,\ i = 1 \sim 9)$

② 제 시간대에 서비스를 받지 못하는 고객이 다음 시간대로 이월되는 경우

$Z = 464.56,\ X_1 = 0,\ X_2 = 3.4,\ X_3 = 3.4,\ X_4 = 2.6,\ X_5 = 0.32,\ Y_1 = 0,$
$Y_2 = 0,\ Y_3 = 0,\ Y_4 = 10,\ Y_5 = 10,\ Y_6 = 0,\ Y_7 = 0,\ Y_8 = 0,\ Y_9 = 0$

〈3장 21번 (1) ②의 모형〉

$MIN\ Z = 8.50(8X_1 + 4X_2 + 5X_3 + 3X_4 + 3X_5) + 6.50(Y_1 + Y_2 + Y_3 + Y_4$
$+ Y_5 + Y_6 + Y_7 + Y_8 + Y_9)$

$s.t.$ $20X_1 + 25X_2 \geq 50 - Y_1$ (오전 9시~오전 10시 제약)

$20X_1 + 25X_2 \geq 75 - Y_2 + Y_1$ (오전 10시~오전 11시 제약)

$20X_1 + 25X_2 + 25X_4 \geq 150 - Y_3 + Y_2$ (오전 11시~정오 제약)

$25X_2 + 25X_4 \geq 160 - Y_4 + Y_3$ (정오~오후 1시 제약)

$20X_1 + 25X_3 + 25X_4 \geq 150 - Y_5 + Y_4$ (오후 1시~오후 2시 제약)

$20X_1 + 25X_3 \geq 75 - Y_6 + Y_5$ (오후 2시~오후 3시 제약)

$20X_1 + 25X_3 + 25X_5 \geq 58 - Y_7 + Y_6$ (오후 3시~오후 4시 제약)

$20X_1 + 25X_3 + 25X_5 \geq 93 - Y_8 + Y_7$ (오후 4시~오후 5시 제약)

$20X_1 + 25X_3 + 25X_5 \geq 88 - Y_9 + Y_8$ (오후 5시~오후 6시 제약)

$X_1 + X_2 \leq 6$ (오전 9시~오전 10시 창구제약)

$X_1 + X_2 \leq 6$ (오전 10시~오전 11시 창구제약)

$X_1 + X_2 + X_4 \leq 6$ (오전 11시~정오 창구제약)

$X_2 + X_4 \leq 6$ (정오~오후 1시 창구제약)

$X_1 + X_3 + X_4 \leq 6$ (오후 1시~오후 2시 창구제약)

$X_1 + X_3 \leq 6$ (오후 2시~오후 3시 창구제약)

$X_1 + X_3 + X_5 \leq 6$ (오후 3시~오후 6시 창구제약)

모든 $X_j,\ Y_i \geq 0$ $(j = 1 \sim 5,\ i = 1 \sim 9)$

(2) ① 정규 출납원 1명 이상 및 제 시간대에 서비스를 받지 못하는 고객이 이탈하는 경우

$Z = 618.56,\ X_1 = 1,\ X_2 = 2.2,\ X_3 = 2.2,\ X_4 = 2.8,\ X_5 = 0.72,\ Y_1 = 0,$
$Y_2 = 0,\ Y_3 = 5,\ Y_4 = 35,\ Y_5 = 5,\ Y_6 = 0,\ Y_7 = 0,\ Y_8 = 0,\ Y_9 = 0$

〈3장 21번 (2) ①의 모형〉

$MIN\ Z = 8.50(8X_1 + 4X_2 + 5X_3 + 3X_4 + 3X_5) + 6.50(Y_1 + Y_2 + Y_3 + Y_4 + Y_5 + Y_6 + Y_7 + Y_8 + Y_9)$

$s.t.\ 20X_1 + 25X_2 \geq 50 - Y_1$ (오전 9시~오전 10시 제약)

$20X_1 + 25X_2 \geq 75 - Y_2$ (오전 10시~오전 11시 제약)

$20X_1 + 25X_2 + 25X_4 \geq 150 - Y_3$ (오전 11시~정오 제약)

$25X_2 + 25X_4 \geq 160 - Y_4$ (정오~오후 1시 제약)

$20X_1 + 25X_3 + 25X_4 \geq 150 - Y_5$ (오후 1시~오후 2시 제약)

$20X_1 + 25X_3 \geq 75 - Y_6$ (오후 2시~오후 3시 제약)

$20X_1 + 25X_3 + 25X_5 \geq 58 - Y_7$ (오후 3시~오후 4시 제약)

$20X_1 + 25X_3 + 25X_5 \geq 93 - Y_8$ (오후 4시~오후 5시 제약)

$20X_1 + 25X_3 + 25X_5 \geq 88 - Y_9$ (오후 5시~오후 6시 제약)

$X_1 + X_2 \leq 6$ (오전 9시~오전 10시 창구제약)

$X_1 + X_2 \leq 6$ (오전 10시~오전 11시 창구제약)

$X_1 + X_2 + X_4 \leq 6$ (오전 11시~정오 창구제약)

$X_2 + X_4 \leq 6$ (정오~오후 1시 창구제약)

$X_1 + X_3 + X_4 \leq 6$ (오후 1시~오후 2시 창구제약)

$X_1 + X_3 \leq 6$ (오후 2시~오후 3시 창구제약)

$X_1 + X_3 + X_5 \leq 6$ (오후 3시~오후 6시 창구제약)

$X_1 \geq 1$ (정규직 근무 제약)

모든 $X_j,\ Y_i \geq 0\ (j = 1 \sim 5,\ i = 1 \sim 9)$

② 정규 출납원 1명 이상 및 제 시간대에 서비스받지 못하는 고객이 다음 시간대로 이월되는 경우

$Z = 984.5,\ X_1 = 1,\ X_2 = 4,\ X_3 = 4,\ X_4 = 1,\ X_5 = 0,\ Y_1 = 0,\ Y_2 = 0,$
$Y_3 = 5,\ Y_4 = 40,\ Y_5 = 45,\ Y_6 = 0,\ Y_7 = 0,\ Y_8 = 0,\ Y_9 = 0$

〈3장 20번 (2) ②의 모형〉

$MIN\ Z = 8.50(8X_1 + 4X_2 + 5X_3 + 3X_4 + 3X_5) + 6.50(Y_1 + Y_2 + Y_3 + Y_4 + Y_5 + Y_6 + Y_7 + Y_8 + Y_9)$

$s.t.\ 20X_1 + 25X_2 \geq 50 - Y_1$ (오전 9시~오전 10시 제약)

$20X_1 + 25X_2 \geq 75 - Y_2 + Y_1$ (오전 10시~오전 11시 제약)

$20X_1 + 25X_2 + 25X_4 \geq 150 - Y_3 + Y_2$ (오전 11시~정오 제약)

$25X_2 + 25X_4 \geq 160 - Y_4 + Y_3$ (정오~오후 1시 제약)

$20X_1 + 25X_3 + 25X_4 \geq 150 - Y_5 + Y_4$ (오후 1시~오후 2시 제약)

$20X_1 + 25X_3 \geq 75 - Y_6 + Y_5$ (오후 2시~오후 3시 제약)

$20X_1 + 25X_3 + 25X_5 \geq 58 - Y_7 + Y_6$ (오후 3시~오후 4시 제약)

$20X_1 + 25X_3 + 25X_5 \geq 93 - Y_8 + Y_7$ (오후 4시~오후 5시 제약)

$20X_1 + 25X_3 + 25X_5 \geq 88 - Y_9 + Y_8$ (오후 5시~오후 6시 제약)

$X_1 + X_2 \leq 6$ (오전 9시~오전 10시 창구제약)

$X_1 + X_2 \leq 6$ (오전 10시~오전 11시 창구제약)

$X_1 + X_2 + X_4 \leq 6$ (오전 11시~정오 창구제약)

$X_2 + X_4 \leq 6$ (정오~오후 1시 창구제약)

$X_1 + X_3 + X_4 \leq 6$ (오후 1시~오후 2시 창구제약)

$X_1 + X_3 \leq 6$ (오후 2시~오후 3시 창구제약)

$X_1 + X_3 + X_5 \leq 6$ (오후 3시~오후 6시 창구제약)

$X_1 \geq 1$ (정규직 근무 제약)

모든 $X_j,\ Y_i \geq 0$ $(j = 1 \sim 5,\ i = 1 \sim 9)$

9. X_j: 프로젝트 j의 수행 여부 $(j = 1, 2, 3, 4)$

(1) $MAX\ Z = 4X_1 + 6X_2 + 7X_3 + 2X_4$ (단위: 억원)

$s.t.\ 6X_1 + 8X_2 + 9X_3 + 5X_4 \leq 20$ (자금제약, 단위: 억원)

$12X_1 + 14X_2 + 15X_3 + 8X_4 \leq 35$ (인력제약)

$X_1, X_2, X_3, X_4 = 0 \text{ or } 1$

(2) 프로젝트별로 부분적인 투자가 허용될 경우, (1)의 모형을 다음과 같이 변경한다.

- 의사결정변수 정의의 변경 → X_j: 프로젝트 j에 대한 투자비율
- $X_1, X_2, X_3, X_4 = 0 \text{ or } 1$ → 모든 $X_i \geq 0$, $X_1, X_2, X_3, X_4 \leq 1$
- 실행 상의 문제점: 모형 (2)의 최적해는 이기적인 해(selfish solution)로서 합작투자자를 찾지 못할 때 이 해를 실행할 수 없다.

(3) (2)번의 모형이 (1)번의 모형보다 실행가능한 해가 훨씬 많으므로 (2)번의 목적함수 값이 더 크다. 단, (2)의 모형의 최적해가 우연히 0 또는 1로 나온 경우는 두 모형의 목적함수 값은 동일하다.

10. (1) 목적함수 계수가 허용 가능 증감 범위 내에 있으므로 최적해(의사결정 변수의 값)은 변하지 않으나 목적함수 값은 $0.15(1833.3)만큼 현재보다 감소한다. 즉, 새로운 목적함수 값은 18225−0.15(1833.3) = $17,850이다.

(2) 단위 구입마다 한계비용(수정비용)인 $0.05씩 총비용은 증가한다.

(3) 반응장치 1의 가용처리시간을 26.67시간만큼 줄여도 현재의 최적해는 변화가 없다.

(4) 해당 제약조건의 우변항의 증가분은 허용 가능 증감 범위 내에 있으므로 잠재가격을 이용하면 200(3.25) = $650 만큼 총비용은 증가한다.

(5) 해당 제약조건의 우변항의 증가분은 허용 가능 증감 범위 내에 있으므로 잠재가격을 이용하면 30(−12.5) = $375 만큼 총비용은 감소한다.

(6) 해당 의사결정변수의 한계비용(수정비용) 0.025를 이용하면 제품 3의 단위당 자체 생산 비용이 2.90−(0.025) = $2.875 미만이면 제품 3을 자체 생산하는 것이 매력적이 된다.

11. (1) 목적함수 계수의 증가분이 허용 가능 증감 범위 내에 있으므로 최적해(의사결정변수의 값)은 현재와 동일하나 목적함수 값은 1(천원)×1=1(천원) 증가한다. 즉, 새로운 목적함수 값은 474.17(천원)이 된다.

(2) 해당 제약조건 우변항의 감소분이 허용 가능 증감 범위 내에 있으므로 잠재가격을 이용하면 −20(1.17) = 23.4(천원) 만큼 총이윤은 감소한다.

(3) 해당 제약조건 우변항의 증가분이 허용 가능 증감 범위 내에 있으므로 잠재가격을 이용하면 2(−1.17) = 2.34(천원) 만큼 총이윤은 감소한다.

(4) 새로운 여행용 가방 하나를 생산하는데 소요되는 한계비용은 $10(1.17) + 2.5(10)(0.43) + 5000(0) = 22.45$ (천원)인데 비해 한계혜택(목적함수기여분)은 21(천원)이므로 여행용 가방의 생산은 경제적 타당성을 갖지 않는다.

12. (1) $MAX\ Z = \underline{300X_1 + 500X_2 + 200X_3 - 50W}$ (단위: 만원)

$s.t.\ X_1 + 2X_2 + 0.5X_3 \le 100$ (루비 자원 제약)

$2X_1 + 2X_2 + X_3 \le 150$ (사파이어 자원 제약)

$\underline{X_1 + 3X_2 + X_3 \le 80 + W}$ (백금 자원 제약)

$2X_1 + 4X_2 + X_3 \le 200$ (가공시간 제약)

$X_3 \ge 30$ (반지 3 수요 제약)

$W \le 10$ (추가 백금 단위 제약)

모든 변수 ≥ 0

(2) ① $X_1 = 60,\ X_2 = 0,\ X_3 = 30,\ W = 10$, 목적함수 값 = 23500(만원)

② 루비 25단위, 가공시간 50시간

③ 목적함수 계수의 감소분 (50)이 허용 가능 증감 범위 내에 있으므로 의사결정변수 값은 현재와 동일하다.

목적함수 값은 -50(10) = 500(만원) 만큼 감소한다.

즉, 새로운 목적함수 값은 23500 - 500 = 23000(만원)

④ 0(원) (사파이어 자원 제약조건의 우변항 허용 가능 증가치가 '0'이므로 사파이어의 추가적 이용은 목적함수 값을 증가시키지 않는다.)

⑤ 이윤은 20(100) = 2000(만원) 증가

⑥ 이윤은 10(50) = 500(만원) 증가

⑦ 반지 4의 단위 생산 시 한계비용은 $1(0) + 2(100) + 2(100) + 2(0) = 400$ (만원)이고, 목적함수 기여분(한계혜택)은 500(만원)이므로 반지 4의 생산은 경제적으로 타당하다.

13. (1) MAX 이윤 : $\underline{15P_1 + 8P_2 - 2OT - 1.5RM - A_1 - A_2}$ (단위: 단원)

$s.t.$ 백두산 생산량 조건: $\underline{P_1 \le 50 + 10A_1}$

한라산 생산량 조건: $\underline{P_2 \le 60 + 15A_2}$

노동시간 제약조건: $\underline{0.75P_1 + 0.50P_2 \le 160 + OT}$

$1.5P_1 + 0.8P_2 \le 320$ (기계가공시간 제약조건)

$2P_1 + P_2 \le RM$ (원자재 요구량 제약조건)

$A_1 + A_2 \le 20$ (광고비 제약조건)

$RM \le 400$ (원자재 구입량 제약조건)

모든 변수 ≥ 0

(2) ① 34,677(원)

② 의사결정변수의 값은 변화 없음. 목적함수 값은 5(20) = 100(만원) 감소하여 2390(만원)이 된다.

③ 6.75(만원)

④ 목적함수 값(주당 이윤)은 2(−3.75) = 7.5(만원) 만큼 감소한다.

⑤ 주당 이윤은 20(2) = 40(만원) 만큼 증가한다.

⑥ 지리산 등산화 단위 생산 시 한계비용은 $2(2) + 1(0) + 1(6.75) = 10.75$(만원)인 반면 한계혜택(목적함수 기여분)은 10(만원)이므로 지리산 등산화를 시장에 소개할 경제적 당위성이 없다.

CHAPTER 05

정수 최적화와 가부간의 의사결정

| 익힘문제 |

1. ③, 선형계획모형의 최적해를 근사화(예를 들어, 반올림) 한 것이 정수계획모형의 최적해가 되는 것은 아니다. 선형계획모형과 정수계획모형은 실행가능지역이 다르므로 최적해도 다른 공간에서 발생한다.

2. ⑤, 보기 ①, ②, ③, ④ 모두 옳은 설명이다.

3. ④, 문제에서 요구하는 조건은 $X_3 \le X_4$이다. 즉, X_3의 값이 '1'이면 X_4의 값은 반드시 '1'이 되어야 하고, X_3의 값이 '0'이면 X_4의 값은 '0'이나 '1'이 될 수 있다. 이 조건을 올바르게 나타낸 식은 보기 ④이다.

4. ②, X_1과 X_2의 값이 동시에 '1'인 경우, X_5의 값은 반드시 '1'이 되어야 한다. 하지만 X_1과 X_2의 값이 동시에 '1'이 아닌 경우, 즉 (X_1, X_2) = (1,0), (0,1), (0,0)인 경우, X_5의 값은 '0'이나 '1' 모두 될 수 있어야 한다. 이 조건을 올바로 표현한 식은 보기 ②이다.

5. $X_1 + X_2 \ge 2X_5$

6. (1) X_j: 프로젝트 j의 선택 여부 $(j = 1, 2, 3, 4)$

   즉, X_1: 공장 확장 여부, X_2: 창고 확장 여부

   X_3: 기계 대체 여부, X_4: 신제품 연구 여부

   $MAX\ Z = 95X_1 + 37X_2 + 12X_3 + 35X_4$ (단위: 백만원)

$s.t.\ 15X_1 + 10X_2 + 11X_3 + 17X_4 \le 45$ (첫해 자금제약)

$25X_1 + 15X_2 + 10X_4 \le 50$ (둘째 해 자금제약)

$20X_1 + 20X_2 + 10X_4 \le 43$ (셋째 해 자금제약)

$15X_1 + 7X_2 + 4X_3 + 9X_4 \le 37$ (넷째 해 자금제약)

모든 $X_j = 0 \text{ or } 1 \ (j = 1, 2, 3, 4)$

(2) $X_1 \ge X_2$

(3) $X_1 \le X_2$

(4) $X_1 + X_3 \ge 2X_4$

7. X_j: 프로젝트 j의 선정 여부 $(j = 1, 2, 3, 4)$

(1) $X_1 + X_2 + X_3 + X_4 \ge 2$

(2) $\dfrac{(0.25X_1 + 0.3X_2 + 0.5X_3 + 0.4X_4)}{(X_1 + X_2 + X_3 + X_4)} \le 0.3$

$\rightarrow 0.25X_1 + 0.3X_2 + 0.5X_3 + 0.4X_4 \le 0.3(X_1 + X_2 + X_3 + X_4)$

8. X_j: 행정구역 j에 소방서 설치 여부 $(j = 1, 2, 3, 4, 5, 6)$

(1) $MIN\ Z = X_1 + X_2 + X_3 + X_4 + X_5 + X_6$

$s.t.\ X_1 + X_2 \ge 1$ (행정구역 1 제약)

$X_1 + X_2 + X_6 \ge 1$ (행정구역 2 제약)

$X_3 + X_4 \ge 1$ (행정구역 3 제약)

$X_3 + X_4 + X_5 \ge 1$ (행정구역 4 제약)

$X_4 + X_5 + X_6 \ge 1$ (행정구역 5 제약)

$X_2 + X_5 + X_6 \ge 1$ (행정구역 6 제약)

모든 $X_j = 0 \text{ or } 1 \ (j = 1, 2, 3, 4, 5, 6)$

모형 결과

$Z = 2,\ X_1 = 0,\ X_2 = 1,\ X_3 = 0,\ X_4 = 1,\ X_5 = 0,\ X_6 = 0$

(2) $X_1 \geq X_3$

(3) $X_1 + X_2 - 1 \leq X_5$

(4) $X_1 + X_5 \geq 2X_4$

9. (1) X_1: 신랑 인형 생산량

X_2: 각시 인형 생산량

Y_1: 신랑 인형 생산 여부

Y_2: 각시 인형 생산 여부

$MAX\ Z = 4X_1 + 6X_2 - 20Y_1 - 30Y_2$ (단위: 천원)

$s.t.\ 3X_1 + 5X_2 \leq 150$

$X_1 \leq 50Y_1$

$X_2 \leq 30Y_2$

$X_1, X_2 \geq 0$

$Y_1, Y_2 = 0$ or 1

모형 결과

$Z = 140,\ X_1 = 40,\ X_2 = 0,\ Y_1 = 1,\ Y_2 = 0$

(2) 제품 생산을 위해서는 제품 생산량과는 관계없이 준비비용이 발생하므로 비례성(proportionality)의 가정이 만족하지 않는다.

10. X_j: 근무조 j의 근무 인원 ($j = 1, 2, 3, 4, 5, 6$)

$MIN\ Z = X_1 + X_2 + X_3 + X_4 + X_5 + X_6$ (단위: 명)

$s.t.\ X_1 \geq 6$ (6am ~ 8am 시간대 제약)

$X_1 + X_2 + X_6 \geq 12$ (8am ~ 10am 시간대 제약)

$X_1 + X_2 + X_3 + X_5 + X_6 \geq 20$ (10am ~ 12pm 시간대 제약)

$X_1 + X_2 + X_3 + X_5 \geq 20$ (12pm ~ 2pm 시간대 제약)

$X_2 + X_3 \geq 12$ (2pm ~ 4pm 시간대 제약)

$X_3 + X_5 \geq 10$ (4pm ~ 6pm 시간대 제약)

$X_4 + X_5 + X_6 \geq 6$ (6pm ~ 8pm 시간대 제약)

$X_4 + X_6 \geq 5$ (8pm ~ 10pm 시간대 제약)

$X_4 \geq 4$ (10pm ~ 0am 시간대 제약)

$X_4 \geq 3$ (0am ~ 2am 시간대 제약)

모든 X_j integer, 모든 $X_j \geq 0$ $(j = 1, 2, 3, 4, 5, 6)$

모형 결과

$Z = 26,\ X_1 = 8,\ X_2 = 3,\ X_3 = 9,\ X_4 = 4,\ X_5 = 1,\ X_6 = 1$

11. X_j: 광고매체 j를 이용한 광고 횟수 $(j = 1, 2, 3, 4, 5, 6)$

즉, X_1: 잡지 A 광고 수

X_2: 잡지 B 광고 수

X_3: 잡지 C 광고 수

X_4: 잡지 D 광고 수

X_5: TV A 광고 수

X_6: TV B 광고 수

$$\begin{aligned}
MAX\ Z = &(0.5 \times 0.7 + 0.1 \times 0.7 + 0.3 \times 0.5 + 0.1 \times 0.65) \times 1,155,303X_1 \\
&+ (0.5 \times 0.8 + 0.1 \times 0.5 + 0.3 \times 0.58 + 0.1 \times 0.75) \times 800,981X_2 \\
&+ (0.5 \times 0.9 + 0.1 \times 0.8 + 0.3 \times 0.8 + 0.1 \times 0.5) \times 671,178X_3 \\
&+ (0.5 \times 0.4 + 0.1 \times 0.8 + 0.3 \times 0.6 + 0.1 \times 0.4) \times 525,361X_4 \\
&+ (0.5 \times 0.2 + 0.1 \times 0.6 + 0.3 \times 0.3 + 0.1 \times 0.2) \times 217,600X_5 \\
&+ (0.5 \times 0.2 + 0.1 \times 0.63 + 0.3 \times 0.35 + 0.1 \times 0.2) \times 391,636X_6 \\
= &733617.405X_1 + 559885.719X_2 + 550365.96X_3 + 262680.5X_4 \\
&+ 58752X_5 + 112799.808X_6
\end{aligned}$$

$$s.t.\ 17,995X_1 + 12,800X_2 + 12,500X_3 + 6,975X_4 + 720X_5 + 900X_6 \leq 150,000$$

(단위: 천원)

$X_1 \geq 1$, $X_1 \leq 6$ (잡지 A 광고 제약)

$X_2 \geq 1$, $X_2 \leq 6$ (잡지 B 광고 제약)

$X_3 \geq 1$, $X_3 \leq 6$ (잡지 C 광고 제약)

$X_4 \geq 1$, $X_4 \leq 6$ (잡지 D 광고 제약)

$X_5 \geq 5$, $X_5 \leq 26$ (TV A 광고 제약)

$X_6 \geq 6$, $X_6 \leq 20$ (TV B 광고 제약)

모든 X_j integer, 모든 $X_j \geq 0$ $(j = 1, 2, 3, 4, 5, 6)$

모형 결과

Z = 8641927.54, X_1 = 1, X_2 = 1, X_3 = 6, X_4 = 1, X_5 = 26, X_6 = 20

12. X_j: 광고매체 j를 이용한 광고 횟수 $(j = 1, 2, 3, 4, 5)$

즉, X_1: 낮시간 TV광고 횟수, X_2: 저녁시간 TV광고 횟수, X_3: 일간지 전면광고 횟수

X_4: 주간지 반면컬러광고 횟수, X_5: 라디오광고 횟수, Y: TV광고 동시선정 횟수

$MAX\ Z = 70X_1 + 95X_2 + 42X_3 + 65X_4 + 22X_5$ (단위: 1,000)

$s.t.$ $1600X_1 + 3200X_2 + 450X_3 + 2100X_4 + 150X_5 - 200Y \leq 37000$

$1600X_1 + 3200X_2 - 200Y \leq 19500$

$Y \leq X_1$

$Y \leq X_2$

$1025X_1 + 2100X_2 + 1600X_3 + 2600X_4 + 325X_5 \geq 50000$

$X_1 + X_2 \geq 11$

$X_1 \leq 15$

$X_2 \leq 11$

$X_3 \leq 25$

$X_4 \leq 4$

$X_5 \leq 30$

모든 X_j, Y integer, 모든 $X_j, Y \geq 0$ $(j = 1, 2, 3, 4, 5)$

모형 결과

$Z = 2593,\ X_1 = 12,\ X_2 = 0,\ X_3 = 25,\ X_4 = 1,\ X_5 = 29,\ Y = 0$

13. X_1: 표준형 서류가방 생산량 (단위: 개)

X_2: 고급형 서류가방 생산량 (단위: 개)

Y_1: 표준형 기계조정 횟수

Y_2: 고급형 기계조정 횟수

$MAX\ Z = 4000X_1 + 6000X_2 - 150{,}000\,Y_1 - 300{,}000\,Y_2$ (단위: 원)

$s.t.\ 10X_1 + 20X_2 \leq 150{,}000$ (성형시간 제약, 단위: 초)

$15X_1 + 5X_2 \leq 150{,}000$ (비닐포장시간 제약, 단위: 초)

$5X_1 + 4X_2 \leq 100{,}000$ (최종조립시간 제약, 단위: 초)

$X_1 \leq 3000\,Y_1$ (표준형 생산량 제약)

$X_1 \geq 3000(Y_1 - 1)$ (표준형 생산량 제약)

$X_2 \leq 3000\,Y_2$ (고급형 생산량 제약)

$X_2 \geq 3000(Y_2 - 1)$ (고급형 생산량 제약)

Y_1, Y_2 integer

$X_1,\ X_2,\ Y_1,\ Y_2 \geq 0$

모형 결과

$Z = 53250000,\ X_1 = 9000,\ X_2 = 3000,\ Y_1 = 3,\ Y_2 = 1$

주) 위 모형의 목적함수에 비추어 볼 때 제약조건 $X_1 \geq 3000(Y_1 - 1)$과 $X_2 \geq 3000(Y_2 - 1)$은 생략해도 무방하다.

14. X_j: 광고매체 j 선택 여부 $(j = 1, 2, 3, 4, 5)$

즉, X_1: KLAX 라디오 광고 여부

X_2: 신문 주중 3일 광고 여부

X_3: 신문 주말판 광고 여부

X_4: TV1 주중 10번 광고 여부

X_5: TV2 주중 11번 광고 여부

Y: 신문광고 동시 진행여부

$$
\begin{aligned}
MAX\,Z = &(0.2\times 0.62+0.2\times 0.8+0.6\times 0.75)\times 750,000X_1 \\
&+(0.2\times 0.55+0.2\times 0.75+0.6\times 0.6)\times 950,000X_2 \\
&+(0.2\times 0.75+0.2\times 0.83+0.6\times 0.7)\times 1,000,000X_3 \\
&+(0.2\times 0.85+0.2\times 0.77+0.6\times 0.75)\times 2,000,000X_4 \\
&+(0.2\times 0.8+0.2\times 0.75+0.6\times 0.7)\times 1,500,000X_5 \\
= &\,550,500X_1+589,000X_2+736,000X_3+1,548,000X_4+1,095,000X_5
\end{aligned}
$$

$s.t.$ $600X_1+650X_2+400X_3+1300X_4+1000X_5-150Y\le 2000$ (광고비용 제약, 단위: $)

$X_4+X_5\le 1$ (TV 광고 제약)

$X_2+X_3\ge 2Y$ (신문광고 동시 진행 제약)

모든 $X_j,\ Y=0$ or 1 $(j=1,2,3,4,5)$

모형 결과

Z = 2420000, X_1 = 0, X_2 = 1, X_3 = 1, X_4 = 0, X_5 = 1, Y = 1

주) 제약조건 $X_2+X_3\ge 2Y$에서 X_2와 X_3가 둘 다 '1'의 값을 갖는 경우 Y는 '0'과 '1' 두 값을 다 가질 수 있다. 하지만 첫 번째 제약조건에 의해 Y는 '1'의 값만을 갖게 되어 광고비 할인 조건을 올바로 설명하게 된다.

CHAPTER 06

비선형계획모형

익힘문제

1. (1) 0

(2) 30

2. (1) $f'(x) = -x^{-2}$, $f''(x) = 2x^{-3} \geq 0$ (for $x \geq 0$)

→ 볼록함수(convex function)

(2) $f'(x) = ax^{a-1}$, $f''(x) = a(a-1)x^{a-2} \leq 0$ (for $0 \leq a \leq 1$, $x \geq 0$)

→ 오목함수(concave function)

(3) $f'(x) = \dfrac{1}{x}$, $f''(x) = -x^{-2} \leq 0$

→ 오목함수(concave function)

(4) $f_1 = 3 - 2x_1 - x_2$, $f_{11} = -2$, $f_{12} = -1$

$f_2 = 9 - x_1 - 4x_2$, $f_{21} = -1$, $f_{22} = -4$

$$H(x_1, x_2) = \begin{bmatrix} -2 & -1 \\ -1 & -4 \end{bmatrix}$$

det $H_1 = -2 < 0$, det $H_2 = 8 - 1 = 7 > 0$

→ $f(x_1, x_2)$는 오목함수(concave function)

(5) $f_1 = -3x_1{}^2 + 3x_2$, $f_{11} = -6x_1$, $f_{12} = 3$

$f_2 = 3x_1 + 2x_2$, $f_{21} = 3$, $f_{22} = 2$

$$H(x_1, x_2) = \begin{bmatrix} -6x_1 & 3 \\ 3 & 2 \end{bmatrix}$$

$\det\ H_1 = -6x_1$

여기서 만일 $x_1 > 0$이면 $\det\ H_1 < 0$이고, $x_1 < 0$이면 $\det\ H_1 > 0$이므로 $f(x_1, x_2)$는 오목함수도 볼록함수도 아니다.

3. $f_1 = 2ax_1 + bx_2$, $f_{11} = 2a$, $f_{12} = b$

$f_2 = bx_1 + 2cx_2$, $f_{21} = b$, $f_{22} = 2c$

$$H(x_1, x_2) = \begin{bmatrix} 2a & b \\ b & 2c \end{bmatrix}$$

$\det\ H_1 = 2a$

$\det\ H_2 = 4ac - b^2$

① 오목함수가 되기 위한 조건

$2a \le 0$, $4ac - b^2 \ge 0$

$\rightarrow a \le 0$, $b^2 \le 4ac$

② 볼록함수가 되기 위한 조건

$2a \ge 0$, $4ac - b^2 \ge 0$

$\rightarrow a \ge 0$, $b^2 \le 4ac$

4. $f(X_A, X_B) = 200(X_A + X_B) - (X_A + X_B)^2 - (X_A{}^2 + 0.5X_B{}^2)$

$f_1 = 200 - 2(X_A + X_B) - 2X_A$

$f_2 = 200 - 2(X_A + X_B) - X_B$

$f_{11} = -4$, $f_{12} = -2$

$f_{21} = -2$, $f_{22} = -3$

$$H(X_A, X_B) = \begin{bmatrix} -4 & -2 \\ -2 & -3 \end{bmatrix}$$

$\det\ H_1 = -4 < 0$

det $H_2 = 12 - 4 = 8 > 0$

$\rightarrow f(X_A, X_B)$는 엄격한 오목함수(strictly concave function)이다.

5. $MAX\ f(K, L) = KL$

$s.t.\ 4K + L \leq 800$

$K, L \geq 0$

실행가능지역을 벗어나지 않는 범위 내에서 목적함수 값을 최대로 하는 자본(K)과 노동(L)의 조합은 다음과 같다.

$(K, L)^* = (100, 400)$

6. $MAX\ f(x, y) = -2x^2 - y^2 + xy + 8x + 3y$

$s.t.\ 300x + 100y \leq 1{,}000$ (단위: 만원)

$x, y \geq 0$

$f_1 = -4x + y + 8,\ f_{11} = -4,\ f_{12} = 1$

$f_2 = -2y + x + 3,\ f_{21} = 1,\ f_{22} = -2$

$$H(x, y) = \begin{bmatrix} -4 & 1 \\ 1 & -2 \end{bmatrix}$$

det $H_1 = -4 < 0$

det $H_2 = 8 - 1 = 7 > 0$

$\rightarrow f(x, y)$는 오목함수(concave function)

$x = 2.464$(분), $y = 2.607$(분)

$f(x, y) = 15.018$(억원)

7. $(x, y)^* = (9.314, 5.029)$

최소 연간 이동거리 = 5456.54(km)

8. (1) 생산수준 9.8, 판매가 51(천원) → 이윤 430(천원)

(2) 생산수준을 9.8에서 9.65로 하락시킴이 타당하다. 판매가는 51.75(천원)으로 증가한다. 세금 후 이윤은 416(천원)으로 하락한다.

9. 신사업의 실제 성공확률을 π라고 하자. 그러면 기대 자문료 수입은 다음과 같이 표현할 수 있다.

$\pi[1-(1-p)^2]+(1-\pi)(1-p^2),\ p \leq 1$

따라서 기대자문료 수입을 최대화하기 위해 전문가의 제시 확률은 실제 성공확률과 같아야 한다. 예를 들어, $\pi = 0.7$이라면 $p = 0.7$이어야 한다.

10. 주식 1 : 0.0361

주식 2 : 0

주식 3 : 0.2216

주식 4 : 0.7423

포트폴리오 최소 분산 = 0.0059

11. (1) 대안 1 : 0.391 (391만원)

대안 2 : 0.552 (552만원)

대안 3 : 0.057 (57만원)

포트폴리오 분산 = 0.055492

(2) 대안 1 : 0.333 (333만원)

대안 2 : 0.667 (667만원)

대안 3 : 0

포트폴리오 분산 = 0.102752

12. (1) 강남지역 홍보비용 = 4,154,000원

강북지역 홍보비용 = 1,846,000원

이윤 = 21,928,000원

(2) 홍보비용이 1,000원 증가하면 이윤은 21,930,000원이 되어 2,000원 증가한다. 이후에도 홍보비용 증가에 따라 이윤이 증가함을 알 수 있다.

스마트
경영과학

PART
III

최적화의 응용

CHAPTER 07

수송, 할당, 경유수송

익힘문제

1. ③, ⑥, ⑦, 보기 ③ 할당문제는 수송문제의 특수한 형태로 모든 공급지의 공급량과 모든 수요지의 수요량이 각각 '1'인 수송문제를 말한다. 보기 ⑥ 총공급량과 총수요량이 같은 균형수송문제에서 모든 공급지 제약조건과 수요지 제약조건은 최적해에서 속박적(binding)이 된다. 보기 ⑦ 총수요량이 총공급량을 초과하는 불균형수송문제는 가상의 공급지(dummy supply point)를 추가하여 균형수송문제로 변환한다.
   나머지 보기의 설명은 잘못된 내용을 담고 있다. 보기 ①에서 수송문제의 총공급량과 총수요량은 일치하지 않는 경우도 있고(불균형수송문제), 보기 ②에서 수송문제의 공급지 개수와 수요지 개수는 당연히 일치할 필요가 없다. 보기 ④에서 모든 공급지의 공급량과 모든 수요지의 수요량이 정수이면 수송문제의 특성에 따라 수송문제의 최적해(공급지에서 수요지로의 최적 수송물량)은 반드시 정수값을 갖는다. 마지막으로 보기 ⑤에서 할당문제의 의사결정변수 값은 '0' 또는 '1'의 값을 가져야 하지만 수송문제의 연장이라는 할당문제의 특성에 따라 선형계획모형으로 문제를 구조화해도 그 해는 '0' 또는 '1'의 값만을 갖게 된다.

2. ⑤, 보기 ①, ②, ③, ④ 모두 옳은 내용을 담고 있다.

3. (1) $X_{1S} + X_{2S} + X_{3S} = X_{SA} + X_{SB}$
   (2) $0.8(X_{1T} + X_{2T} + X_{3T}) = X_{TA} + X_{TB}$

4. = SUMPRODUCT(A1:D4, H1:K4)

5. 총공급량이 총수요량을 초과하는 불균형 수송문제이다.

X_{ij}: 공급지 i에서 수요지 j로 이동되는 물량($i = 1, 2;\ j = 1, 2, 3, 4$)
여기서 $j = 4$는 가상의 수요지

$$MIN\ Z = 4X_{11} + 2X_{12} + 7X_{13} + 3X_{14} + 5X_{21} + 10X_{22} + 4X_{23} + 5X_{24}$$

$s.t.\ X_{11} + X_{12} + X_{13} + X_{14} \leq 120$

$X_{21} + X_{22} + X_{23} + X_{24} \leq 150$

$X_{11} + X_{21} \geq 80$

$X_{12} + X_{22} \geq 80$

$X_{13} + X_{23} \geq 80$

$X_{14} + X_{24} \geq 30$

모든 $X_{ij} \geq 0$

주) 위 모형은 불균형 수송문제를 가상의 수요지를 도입하여 균형수송문제로 변환한 것이므로 제약조건의 부등호를 등호로 바꾸어도 무방하다.

모형의 결과
총수송비용(Z) = 960, 최적 수송계획은 다음 표와 같다.

수송량	수요지 1	수요지 2	수요지 3	수요지 4 (가상의 수요지)
공급지 1	10	80	0	30
공급지 2	70	0	80	0

즉, 공급지 1에서 30만큼의 물량이 이동되지 않고 재고로 남게 된다.

6. 의사결정변수의 정의
X_{ij} : 공급지 i에서 수요지 j로의 이동물량
($i = 1,2$; $j = A, B$)

Y_1 : 공급지1의 용량 확장여부

Y_2 : 공급지2의 건설여부

$$Min\,Z = \sum_{i=1}^{2}\sum_{j=A}^{B} c_{ij}X_{ij} + PY_1 + QY_2$$

$s.t\ \ X_{1A} + X_{1B} \le 150 + 50\,Y_1$

$X_{2A} + X_{2B} \le 150$

$X_{1A} + X_{2A} \ge 100$

$X_{1B} + X_{2B} \ge 200$

모든 $X_{ij} \ge 0$,

$Y_1, Y_2 = 0$ or 1

7. X_{ij}: 회사 i에 노선 j 배정 여부($i = 1, 2, 3, 4, 5, 6;\ j = 1, 2, 3, 4, 5, 6, 7, 8$)

$MIN\ \ Z = \sum_{i=1}^{6}\sum_{j=1}^{8} c_{ij}X_{ij}$, 여기서 c_{ij}는 해당 노선의 입찰가

$s.t.\ X_{12} + X_{13} + X_{14} + X_{16} \le 2$

$X_{21} + X_{22} + X_{24} + X_{26} + X_{27} \le 2$

$X_{32} + X_{36} + X_{37} + X_{38} \le 2$

$X_{43} + X_{44} + X_{45} + X_{47} + X_{48} \le 2$

$X_{51} + X_{52} + X_{54} + X_{55} + X_{56} + X_{58} \le 2$

$X_{61} + X_{62} + X_{63} + X_{64} + X_{65} + X_{67} + X_{68} \le 2$

$X_{21} + X_{51} + X_{61} \ge 1$

$X_{12} + X_{22} + X_{32} + X_{52} + X_{62} \ge 1$

$X_{13} + X_{43} + X_{63} \ge 1$

$X_{14} + X_{24} + X_{44} + X_{54} + X_{64} \ge 1$

$X_{45} + X_{55} + X_{65} \ge 1$

$X_{16} + X_{26} + X_{36} + X_{56} \ge 1$

$X_{27} + X_{37} + X_{47} + X_{67} \ge 1$

$X_{38} + X_{48} + X_{58} + X_{68} \ge 1$

모든 $X_{ij} \ge 0$

주) 위 모형의 수요제약조건(아래 8개 제약조건)의 부등호는 등호로 바꾸어도 무방하다.

모형의 결과

총비용 = 4,050(만원), 최적 버스노선 배정 계획은 다음 표와 같다.

배정여부(○)	노선1	노선2	노선3	노선4	노선5	노선6	노선7	노선8
회사1			○					
회사2						○	○	
회사3		○						
회사4								
회사5				○				○
회사6	○				○			

8. 총공급량이 총수요량을 초과하는 불균형 경유수송문제이다.

X_{ik}: 공장 i에서 물류창고 k로 운송하는 김치냉장고 수량

$(i = A, B, C;\ k = S, T, U)$, 여기서 $k = U$는 가상의 물류창고

Y_{kj}: 물류창고 k에서 판매처 j로 운송하는 김치냉장고 수량

$(k = S, T;\ j = 1, 2, 3, 4)$

$$MIN \sum_{i=A}^{C} \sum_{k=S}^{U} c_{ik} X_{ik} + \sum_{k=S}^{T} \sum_{j=1}^{4} c_{kj} Y_{kj}$$

$$= MIN\, 18X_{AS} + 23X_{AT} + 10X_{AU} + 19X_{BS} + 21X_{BT} + 10X_{BU} - 25X_{CS} + 16X_{CT}$$

$$+ 10X_{CU} + 5Y_{S1} + 7Y_{S2} + 14Y_{S3} + 11Y_{S4} + 12Y_{T1} + 15Y_{T2} + 10Y_{T3} + 8Y_{T4}$$

여기서 c_{ik}, c_{kj}는 해당 경로의 단위당 수송비용

$s.t.$ $X_{AS} + X_{AT} + X_{AU} \le 25$ (공장 A 공급 제약조건)

$X_{BS} + X_{BT} + X_{BU} \le 29$ (공장 B 공급 제약조건)

$X_{CS} + X_{CT} + X_{CU} \le 20$ (공장 C 공급 제약조건)

$Y_{S1} + Y_{T1} \ge 19$ (판매처 1 수요 제약조건)

$Y_{S2} + Y_{T2} \ge 24$ (판매처 2 수요 제약조건)

$Y_{S3} + Y_{T3} \ge 17$ (판매처 3 수요 제약조건)

$Y_{S4} + Y_{T4} \ge 10$ (판매처 4 수요 제약조건)

$X_{AS} + X_{BS} + X_{CS} = Y_{S1} + Y_{S2} + Y_{S3} + Y_{S4}$ (경유지 S 제약조건)

$X_{AT} + X_{BT} + X_{CT} = Y_{T1} + Y_{T2} + Y_{T3} + Y_{T4}$ (경유지 T 제약조건)

$X_{BS} \geq 7$ (공장 B에서 물류창고 S로의 이동물량 하한선)

$X_{BS} \leq 12$ (공장 B 물류창고 S로의 이동물량 상한선)

모든 $X_{ik}, Y_{kj} \geq 0$

모형의 결과

최적 경유수송비용=1,846만원, 최적 경유수송계획은 다음 표와 같다.

공장 → 창고	S	T	U(가상의 물류창고)
A	25	0	0
B	12	17	0
C	0	16	4

창고 → 판매처	1	2	3	4
S	13	24	0	0
T	6	0	17	10

즉, 공장 C에서 4단위의 김치냉장고는 물류창고로 이동되지 않고 남게 된다.

9. (1)

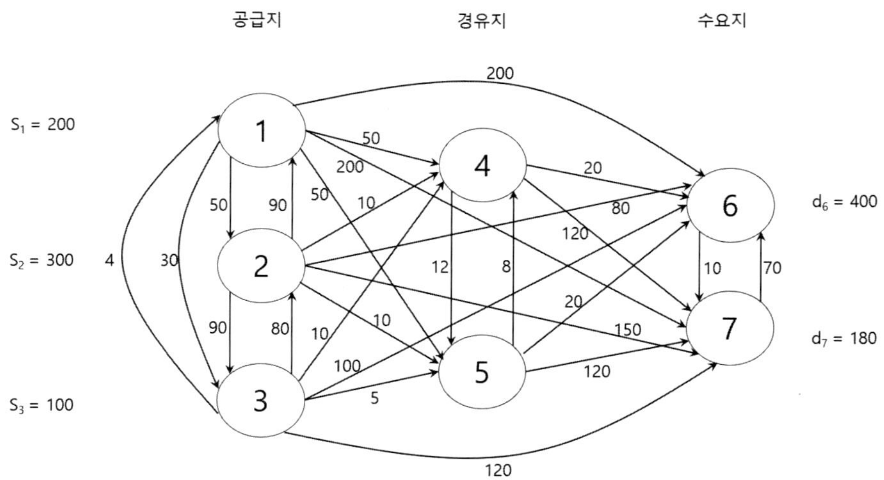

(2) 최적해 캡처화면(수식에 대한 구체적인 내용은 해당 파일에서 확인 가능)

[Ch. 7. 9(2)]

From node i	To node j	단위당 수송비용(만원)	이동량	flow capacity
1	2	50	0	200
1	3	30	200	200
1	4	50	0	200
1	5	50	0	200
1	6	200	0	200
1	7	200	0	200
2	1	90	0	200
2	3	90	0	200
2	4	10	0	200
2	5	10	100	200
2	6	80	200	200
2	7	150	0	200
3	1	4	0	200
3	2	80	0	200
3	4	10	0	200
3	5	5	100	200
3	6	100	200	200
3	7	120	0	200
4	5	12	0	200
4	6	20	0	200
4	7	120	0	200
5	4	8	0	200
5	6	20	180	200
5	7	120	0	200
6	7	10	180	200
7	6	70	0	200

공급지 제약조건	net outflow		공급지 capcity	retention rate
1	200	<=	200	0.9
2	300	<=	300	
3	100	<=	100	

경유지 제약조건	inflow	modified inflow		outflow
4	0	0	=	0
5	200	180	=	180

수요지 제약조건	net inflow		수요지 demand
6	400	>=	400
7	180	>=	180

총수송비용(단위: 만원)

48900

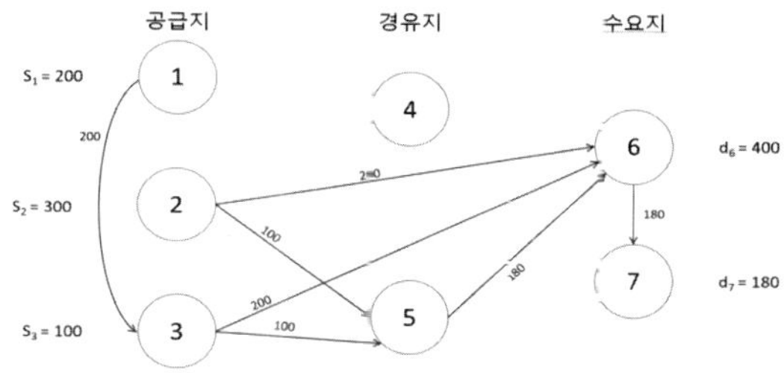

10. X_{ij}: 공장 i에서 창고 j로 수송되는 자동차 수량 (단위: 천대)

$(i=1,2,3,4,5;\ j=1,2,3,4,5,6)$

Y_i: 공장 i 유지 여부 $(0=$ 부, $1=$ 여$)$ $(i=1,2,3,4,5)$

$$MIN \sum_{i=1}^{5}\sum_{j=1}^{6} c_{ij}X_{ij} + \sum_{i=1}^{5} k_i Y_i$$

여기서 c_{ij}는 해당 경로의 단위당 수송비용(단위: \$1000), k_i는 공장 i의 연간고정 운영비(단위: \$1000)

$s.t.\ X_{11}+X_{12}+X_{13}+X_{14}+X_{15}+X_{16} \le 18Y_1$ (공장 1 공급 제약조건)

$X_{21}+X_{22}+X_{23}+X_{24}+X_{25}+X_{26} \le 24Y_2$ (공장 2 공급 제약조건)

$X_{31}+X_{32}+X_{33}+X_{34}+X_{35}+X_{36} \le 27Y_3$ (공장 3 공급 제약조건)

$X_{41}+X_{42}+X_{43}+X_{44}+X_{45}+X_{46} \le 22Y_4$ (공장 4 공급 제약조건)

$X_{51}+X_{52}+X_{53}+X_{54}+X_{55}+X_{56} \le 31\,Y_5$ (공장 5 공급 제약조건)

$X_{11}+X_{21}+X_{31}+X_{41}+X_{51} \ge 10$ (창고 1 수요 제약조건)

$X_{12}+X_{22}+X_{32}+X_{42}+X_{52} \ge 8$ (창고 2 수요 제약조건)

$X_{13}+X_{23}+X_{33}+X_{43}+X_{53} \ge 12$ (창고 3 수요 제약조건)

$X_{14}+X_{24}+X_{34}+X_{44}+X_{54} \ge 6$ (창고 4 수요 제약조건)

$X_{15}+X_{25}+X_{35}+X_{45}+X_{55} \ge 7$ (창고 5 수요 제약조건)

$X_{16}+X_{26}+X_{36}+X_{46}+X_{56} \ge 11$ (창고 6 수요 제약조건)

모든 $X_{ij} \ge 0$, 모든 $Y_i = 0 \text{ or } 1$ $(i=1,2,3,4,5;\ j=1,2,3,4,5,6)$

위 모형의 최적해는 다음과 같다.

- 연간 총비용=$1,774,000
- 연간 수송비=$1,180,000
- 연간 고정운영비=$594,000

각 공장의 유지 여부 및 각 공장에서 각 지역창고로 수송되는 자동차의 수량(단위: 천대)은 다음 표와 같다.

수송량	창고 1	창고 2	창고 3	창고 4	창고 5	창고 6	공장유지여부
공장 1	0	8	10	0	0	0	1(유지)
공장 2	0	0	0	0	0	0	0(폐쇄)
공장 3	10	0	0	6	0	11	1(유지)
공장 4	0	0	0	0	0	0	0(폐쇄)
공장 5	0	0	2	0	7	0	1(유지)

주) 위 모형은 복수해를 갖는다. 독자에 따라서 위의 해와 같이 공장 3에서 창고 4로 6,000대의 자동차가 수송되는 대신 공장 5에서 창고 4로 6,000대의 자동차가 수송되는 해를 가질 수도 있다. 물론 비용은 동일하게 산출된다.

(1) 공장의 수가 증가함에 따라 고정운영비는 증가하고, 수송비용은 감소하는 추이를 보인다. 즉, 고정운영비와 수송비용은 역의 관계에 있으므로 두 비용의

합을 최소화하는 공장의 수를 정하는 것이 필요하다. 모형의 해는 최적 공장의 수가 3임을 보여준다. 모형의 최적해를 보면, 공장을 2곳 폐쇄함에 따라 연간 수송비는 이전보다 \$178,000 증가함을 알 수 있다. 하지만 연간 고정운영비는 이전보다 \$304,000 절감됨으로써 연간 총비용은 결국 \$126,000 절감된 \$1,774,000으로 나타났다. 즉, 공장 2곳을 폐쇄함으로써 고정운영비의 감소가 수송비의 증가분을 상쇄하고도 남음을 알 수 있다.

(2) 우선 기존 공장의 생산용량 확장 여부 또는 감소 여부를 나타내는 의사결정변수를 도입한다. 그리고 확장(또는 감소)에 따른 비용을 목적함수에 추가하고, 공급지 제약조건의 우변항(연간생산용량)에 +확장량×(확장여부 이진변수) 또는 −감소량×(감소여부 이진변수)를 추가한다.

예를 들어, 공장 1의 확장 여부를 나타내는 의사결정변수를 Z_1으로 정의하자. 그리고 공장 1의 연간생산용량을 10단위(10,000대) 확장하는데 \$100,000이 든다고 가정하자. 그러면 기존 모형의 목적함수에는 $100Z_1$을 추가하고, 공장 1의 공급 제약조건 우변항은 $18+10Z_1$으로 수정한다.

CHAPTER 08

네트워크 모형

익힘문제

1. (1) 마디 1: $X_{12}+X_{13}=1$

   마디 2: $X_{24}+X_{34}=X_{46}$

   마디 3: $X_{46}+X_{56}=1$

   (2) ① $MAX\ Z=X_{46}+X_{56}$

   (또는 $MAX\,Z=F$, 여기서 F는 마디 6에서 마디 1로의 가상의 가지의 흐름 양)

   ② 마디 1: $X_{12}+X_{13}=X_{46}+X_{56}$

   (또는 $X_{12}+X_{13}=F$)

   마디 4: $X_{24}+X_{34}=X_{46}$

   마디 6: $X_{46}+X_{56}=X_{12}+X_{13}$

   (또는 $X_{46}+X_{56}=F$)

   (3) 최소걸침나무: $(1,3)-(3,5)-(5,6)-(6,4)-(4,2)$

   최소걸침나무의 길이 = $3+3+2+3+2=13$

2. X_{ij} : 마디 i에서 마디 j로의 길이 선택되는지의 여부)

   서울: 마디1
   속초: 마디2
   태안: 마디3
   원주: 마디4
   삼척: 마디5
   전주: 마디6
   안동: 마디7
   대구: 마디8
   포항: 마디9
   남해: 마디10

$$MIN\ Z = 153X_{12} + 105X_{13} + 85X_{14} + 108X_{24} + 112X_{25} + 117X_{27}$$
$$+ 156X_{34} + 125X_{36} + 223X_{37} + 226X_{38} + 156X_{43} + 107X_{45} + 179X_{46}$$
$$+ 110X_{47} + 172X_{48} + 107X_{54} + 86X_{57} + 131X_{59} + 130X_{68} + 129X_{610}$$
$$+ 223X_{73} + 171X_{76} + 84X_{78} + 75X_{79} + 130X_{86} + 76X_{89} + 125X_{810}$$
$$+ 76X_{98} + 193X_{910}$$

$s.t.\ X_{12} + X_{13} + X_{14} = 1$ (마디 1)

$X_{12} = X_{24} + X_{25} + X_{27}$ (마디 2)

$X_{43} + X_{73} + X_{13} = X_{34} + X_{36} + X_{37} + X_{38}$ (마디 3)

$X_{14} + X_{24} + X_{34} + X_{54} = X_{43} + X_{45} + X_{46} + X_{47} + X_{48}$ (마디 4)

$X_{25} + X_{45} = X_{54} + X_{57} + X_{59}$ (마디 5)

$X_{36} + X_{46} + X_{76} + X_{86} = X_{68} + X_{6\,10}$ (마디 6)

$X_{27} + X_{37} + X_{47} + X_{57} = X_{73} + X_{76} + X_{78} + X_{79}$ (마디 7)

$X_{38} + X_{48} + X_{68} + X_{78} + X_{98} = X_{86} + X_{89} + X_{8\,10}$ (마디 8)

$X_{59} + X_{79} + X_{89} = X_{98} + X_{9\,10}$ (마디 9)

$X_{6\,10} + X_{8\,10} + X_{9\,10} = 1$ (마디 10)

모든 $X_{ij}'s \geq 0$

엑셀파일 캡처화면(수식에 대한 구체적인 내용은 해당 파일에서 확인 가능)

	A	B	C	D	E	F	G	H	I	J	K	L	M	N	O	P
1	M교수 자전거 문제															
2											(단위:km					
3	거리	1	2	3	4	5	6	7	8	9	10					
4	1		153	105	85											
5	2				108	112		117								
6	3				156		125	223	226							
7	4			156		107	179	110	172							
8	5				107			86		131						
9	6								130		129					
10	7			223			171		84	75						
11	8						130			76	125					
12	9								76		193					
13																
14	선택여부	1	2	3	4	5	6	7	8	9	10		마디	유입		유출
15	1	0	0	1	0	0	0	0	0	0	0		1	1	=	1
16	2	0	0	0	0	0	0	0	0	0	0		2	0	=	0
17	3	0	0	0	0	0	1	0	0	0	0		3	1	=	1
18	4	0	0	0	0	0	0	0	0	0	0		4	0	=	0
19	5	0	0	0	0	0	0	0	0	0	0		5	0	=	0
20	6	0	0	0	0	0	0	0	0	0	1		6	1	=	1
21	7	0	0	0	0	0	0	0	0	0	0		7	0	=	0
22	8	0	0	0	0	0	0	0	0	0	0		8	0	=	0
23	9	0	0	0	0	0	0	0	0	0	0		9	0	=	0
24													10	1	=	1
25	총거리															
26	359															

모형의 최적해

$X_{13}=1, X_{36}=1, X_{6\,10}=1$ (나머지 의사결정변수는 0)

$Z=359$

따라서 서울(마디 1)에서 출발하여 태안(마디 3)을 지나 전주(마디 6)를 거쳐 최종 목적지인 남해(마디 10)에 도착하는 경로가 가장 짧은 경로이다. 이때 M교수가 이동한 총거리는 359km이다.

3. 의사결정변수

X_{ij}: 가지(i, j)로의 일일 운항 횟수

F: 가지(6, 1)로의 가상의 운항 횟수

인천: 마디 1
김해: 마디 2
제주: 마디 3
오사카: 마디 4
동경: 마디 5
아키타: 마디 6

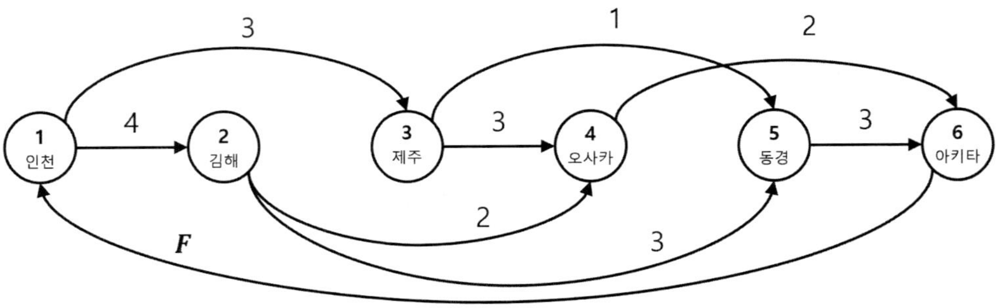

$MAX\ Z=F$

$s.t.\ F=X_{12}+X_{13}$ (마디 1)

$X_{12}=X_{24}+X_{25}$ (마디 2)

$X_{13}=X_{34}+X_{35}$ (마디 3)

$X_{24}+X_{34}=X_{46}$ (마디 4)

$X_{25}+X_{35}=X_{56}$ (마디 5)

$X_{46}+X_{56}=F$ (마디 6)

$X_{12} \leq 4$

$X_{13} \leq 3$

$X_{24} \leq 2$

$X_{25} \leq 3$

$X_{34} \leq 3$

$X_{35} \leq 1$

$X_{46} \leq 2$

$X_{56} \leq 3$

모든 $X_{ij}, F \geq 0$

엑셀파일 캡처화면(수식에 대한 구체적인 내용은 해당 파일에서 확인 가능)

한국항공 최대흐름문제

마디		가지	
From	To	흐름	용량
1	2	2	4
1	3	3	3
2	4	0	2
2	5	2	3
3	4	2	3
3	5	1	1
4	6	2	2
5	6	3	3
6	1	5	100

마디	유입	유출
1	5	5
2	2	2
3	3	3
4	2	2
5	3	3
6	5	5

총흐름
5

최적흐름도

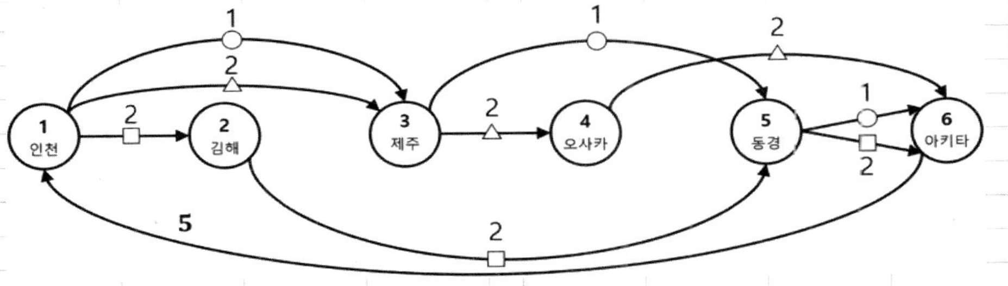

인천(마디 1)에서 아키타(마디 6)로 갈 수 있는 일일 항공편의 횟수를 최대화하기 위해서는 인천(마디 1)–김해(마디 2)–동경(마디 5)–아키타(마디 6) 항로로 하루 2회, 인천(마디 1)–제주(마디 3)–오사카(마디 4)–아키타(마디 6) 항로로 하루 2회, 인천(마디 1)–제주(마디 3)–동경(마디 5)–아키타(마디 6) 항로로 하루 1회 운항한다. 이때 최대 흐름(일일 인천에서 아키타로 갈 수 있는 항공편의 최대 횟수)은 5회가 된다.

4.

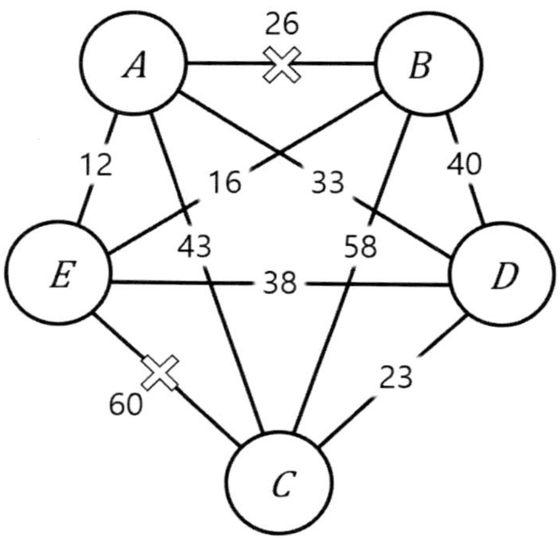

단계 1: 네트워크의 임의의 마디 A를 선택. 가지(A, E)를 최소걸침나무에 포함

$C = \{A, E\}$, $C' = \{B, C, D\}$

단계 2: 가지(E, B)를 최소걸침나무에 포함

$C = \{A, E, B\}$, $C' = \{C, D\}$

단계 3: 가지(A, D)를 최소걸침나무에 포함

$C = \{A, E, B, D\}$, $C' = \{C\}$

단계 4: 가지(D, C)를 최소걸침나무에 포함

$C = \{A, E, B, D, C\}$ → 네트워크의 모든 마디가 C(연결된 마디의 집합)에 포함되었으므로 알고리즘을 종료한다.

따라서 최소걸침나무는 (A, E)–(E, B)–(A, D)–(D, C)가 된다. 최소걸침나무의 길이는 $12 + 16 + 33 + 23 = 84$(km)이다.

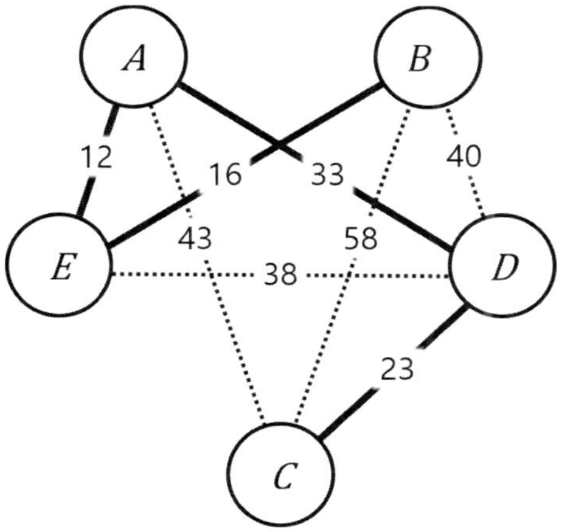

5. 〈의사결정변수〉

서울 거주 승무원의 (i, j)노선 배정 여부 ($i = G1$, $G2$, $G3$, $G4$, $G5$; $j = J3$, $J4$, $J5$, $J6$)

제주 거주 승무원의 (i, j)노선 배정 여부 ($i = J1$, $J2$, $J3$, $J4$, $J5$; $j = G3$, $G4$, $G5$, $G6$)

여기에서 G는 김포 출발 항공편, J는 제주 출발 항공편을 나타냄

〈가능한 항로의 구성〉

① 김포거주 승무원의 가능한 비행일정

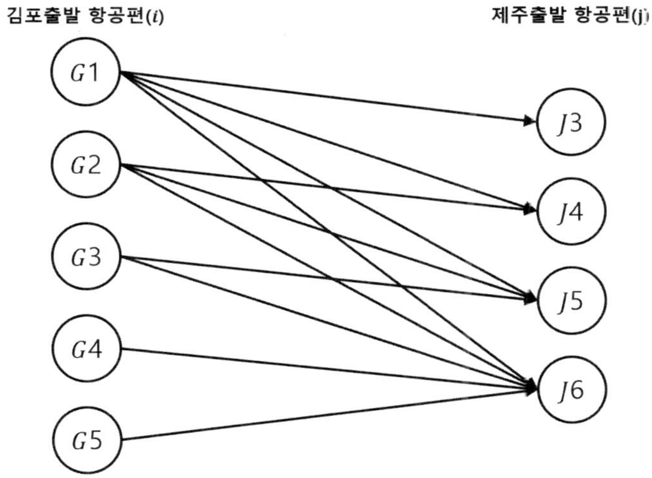

② 제주거주 승무원의 가능한 비행일정

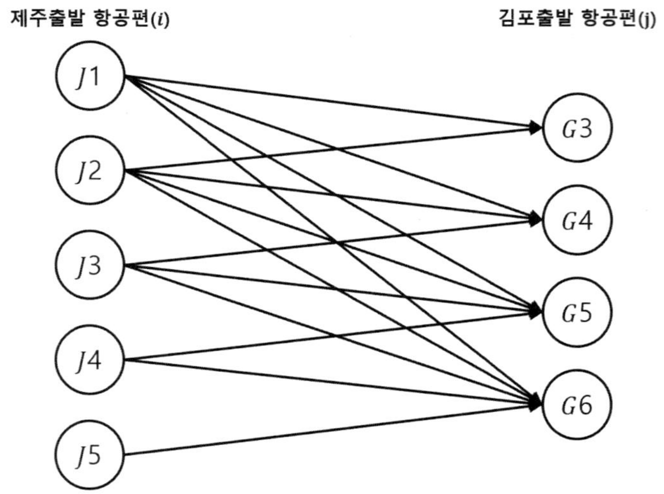

〈제약조건〉

각 항공편은 하루에 한 번만 운항할 수 있다. 즉, 각 마디 i, j의 유입(inflow)과 유출(outflow)의 양은 합쳐서 '1'이 되어야 한다.

엑셀파일 캡처화면(수식에 대한 구체적인 내용은 해당 파일에서 확인 가능)

에어하루방㈜

일일 비행 일정

김포-제주 항공편				제주-김포 항공편		
항공편	출발	도착		항공편	제주	김포
G1	6:00	7:00		J1	7:00	8:00
G2	9:00	10:00		J2	8:00	9:00
G3	12:00	13:00		J3	11:00	12:00
G4	15:00	16:00		J4	14:00	15:00
G5	18:00	19:00		J5	17:00	18:00
G6	20:00	21:00		J6	21:00	22:00

가능한 항로

김포거주 승무원

김포출발	제주출발	유휴시간	배정 여부
G1	J3	4:00	1
G1	J4	7:00	0
G1	J5	10:00	0
G1	J6	14:00	0
G2	J4	4:00	1
G2	J5	7:00	0
G2	J6	11:00	0
G3	J5	4:00	0
G3	J6	8:00	0
G4	J6	5:00	0
G5	J6	2:00	1

제주거주 승무원

제주출발	김포출발	유휴시간	배정 여부
J1	G3	4:00	1
J1	G4	7:00	0
J1	G5	10:00	0
J1	G6	12:00	0
J2	G3	3:00	0
J2	G4	6:00	1
J2	G5	9:00	0
J2	G6	11:00	0
J3	G4	3:00	0
J3	G5	6:00	0
J3	G6	8:00	0
J4	G5	3:00	0
J4	G6	5:00	0
J5	G6	2:00	1

각 마디에 대한 흐름균형식

마디	유출	유입	흐름의 양	=	요구량
G1	1	0	1	=	1
G2	1	0	1	=	1
G3	0	1	1	=	1
G4	0	1	1	=	1
G5	1	0	1	=	1
G6	0	1	1	=	1
J1	1	0	1	=	1
J2	1	0	1	=	1
J3	0	1	1	=	1
J4	0	1	1	=	1
J5	1	0	1	=	1
J6	0	1	1	=	1

총유휴시간 22:00

〈모형의 최적해〉

김포거주 승무원의 비행일정	제주거주 승무원의 비행일정
$G1-J3$	$J1-G3$
$G2-J4$	$J2-G4$
$G5-J6$	$J5-G6$

일일 발생하는 총 유휴시간=22시간

6. 총 7개의 마디로 구성된 네트워크로 문제를 표현한다.

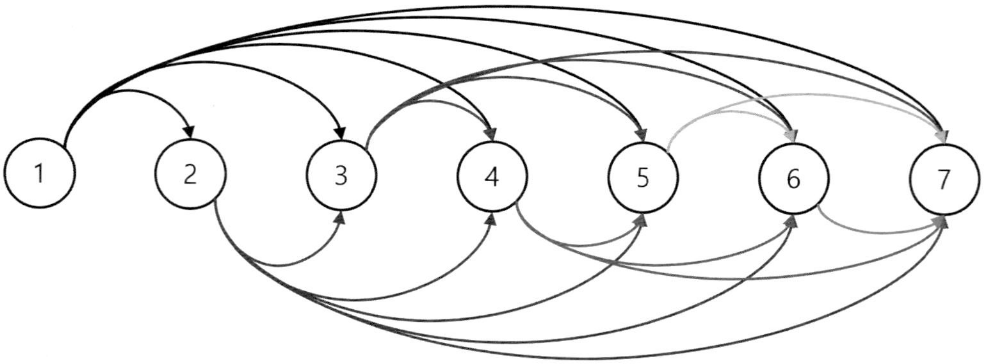

마디 i는 i년도 초를 나타냄($i=1,2,3,4,5,6,7$) 즉, 마디 1은 첫 번째 경차 구입시점을 나타내고, 마디 7은 계획기간 말인 6년도 말을 나타낸다.

〈의사결정변수〉

가지 (i,j)의 선택여부($i<j$)로 정의함. 총 21개의 의사결정변수가 존재한다.

〈목적함수〉

계획 기간 6년 동안 발생하는 총비용의 최소화

〈제약조건〉

<u>각 마디의 유입=유출 균형식</u>

마디 1에서 유출의 양은 '1'

마디 2부터 6까지 각 마디에서의 (유출− 유입)의 양은 '0'

마디 7로의 유입의 양은 '1'

엑셀파일 캡처화면(수식에 대한 구체적인 내용은 해당 파일에서 확인 가능)

경차 Q 교체 문제

입력자료

차 연령(년)	재판매가격(만원)	연간 유지비용(만원)
1	700	30
2	600	50
3	400	80
4	300	120
5	200	160
6	100	220

신차구입가격(만원) 1000

네트워크 가지(각 마디는 각 년도 초를 나타냄. 향후 6년이 계획기간이므로 마디는 7개이다. 마디 1은 1년도 초, 마디7은 6년도 말)

시작마디	종료마디	차 연령에 따른 운영비용 1	2	3	4	5	6	재판매가격	총비용	가지 선택여부
1	2	30	0	0	0	0	0	700	330	0
1	3	30	50	0	0	0	0	600	480	1
1	4	30	50	80	0	0	0	400	760	0
1	5	30	50	80	120	0	0	300	980	0
1	6	30	50	80	120	160	0	200	1240	0
1	7	30	50	80	120	160	220	100	1560	0
2	3	30	0	0	0	0	0	700	330	0
2	4	30	50	0	0	0	0	600	480	0
2	5	30	50	80	0	0	0	400	760	0
2	6	30	50	80	120	0	0	300	980	0
2	7	30	50	80	120	160	0	200	1240	0
3	4	30	0	0	0	0	0	700	330	0
3	5	30	50	0	0	0	0	600	480	1
3	6	30	50	80	0	0	0	400	760	0
3	7	30	50	80	120	0	0	300	980	0
4	5	30	0	0	0	0	0	700	330	0
4	6	30	50	0	0	0	0	600	480	0
4	7	30	50	80	0	0	0	400	760	0
5	6	30	0	0	0	0	0	700	330	0
5	7	30	50	0	0	0	0	600	480	1
6	7	30	0	0	0	0	0	700	330	0

향후 6년동안 발생하는 총비용 1440

각 마디으 유입-유출 균형식

마디	유출-유입	=	요구량
1	1	=	1
2	0	=	0
3	0	=	0
4	0	=	0
5	0	=	0
6	0	=	0
7	1	=	1

김군은 경차 Q를 1, 3, 5년도 초에 새 것으로 교체하는 것이 비용최소화 관점에서 최적이다. 향후 6년동안 첫 해 초 신차구입비용을 포함하여 ·,440만원이 발생한다.

〈모형의 최적해〉

김군은 경차 Q를 1, 3, 5년도 초에 새것으로 교체하는 것이 비용 최소화 관점에서 최적이다. 그러면 향후 6년 동안 발생하는 총비용은 첫해 초 신차구입비용을 포함하여 1,440(만원)이다.

7. 네트워크의 마디를 다음과 같이 총 9개로 구성해보자.

마디 1 (source node)
마디 2 (1st month)
마디 3 (2nd month)
마디 4 (3rd month)
마디 5 (4th month)
마디 6 (프로젝트 1)
마디 7 (프로젝트 2)
마디 8 (프로젝트 3)
마디 9 (sink node)

마디 9에서 마디 1로 이어지는 가상의 가지의 흐름이 최대화 대상이고, 각 가지의 흐름 상한선(capacity)과 각 마디에서의 흐름보전제약(conservation-of-flow constraints)를 제약조건으로 설정한다. 네트워크 각 가지에서 흐름의 단위는 'consultant-month'이다.

〈Network Diagram〉

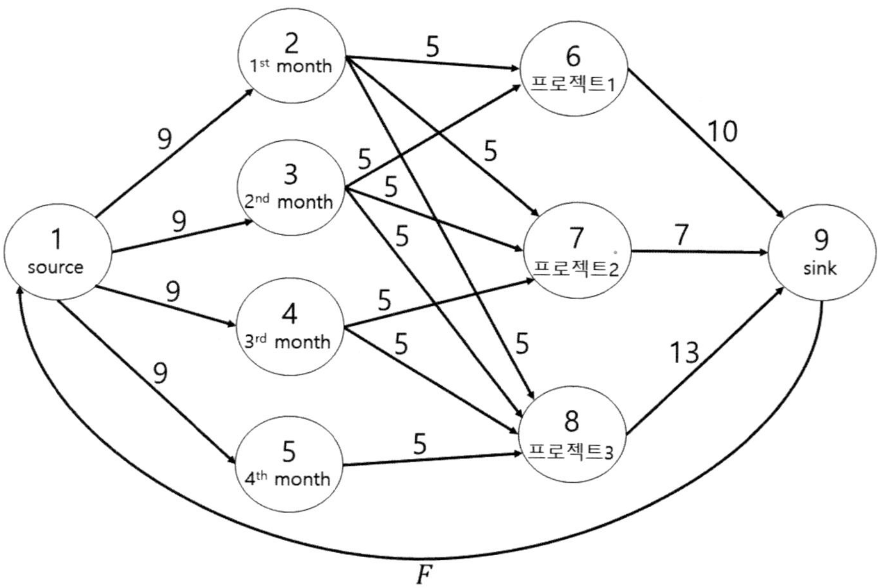

최적해 엑셀파일 캡처화면(수식에 대한 구체적인 내용은 해당 파일에서 확인 가능)

Ch.8-7번

Network flows

From node	To node	Flow(c-m)	Capacity(c-m)
1	2	7	9
1	3	9	9
1	4	9	9
1	5	5	9
2	6	5	5
2	7	2	5
2	8	0	5
3	6	5	5
3	7	0	5
3	8	4	5
4	7	5	5
4	8	4	5
5	8	5	5
6	9	10	10
7	9	7	7
8	9	13	13
9	1	30	100

Conservation-of-flow constraints

Node	Outflow		Inflow
1	30	=	30
2	7	=	7
3	9	=	9
4	9	=	9
5	5	=	5
6	10	=	10
7	7	=	7
8	13	=	13
9	30	=	30

최대흐름량 | 30

결론
네트워크를 통한 최대흐름의 양은 30(consultant-months)이므로 세 가지 프로젝트 모두는 4개월 이내에 완료될 수 있다
구체적으로, 첫 번째 달에는 프로젝트 1에 5 consutant를 배정하고, 프로젝트 2에는 2 consultant를 배정한다.
두 번째 달에는 프로젝트 1에 5 consultant, 프로젝트 3에 4 consultant를 배정한다.
세 번째 달에는 프로젝트 2에 5 consultant, 프로젝트 3에 4 consultant를 배정한다.
마지막으로 네 번째 달에는 프로젝트 3에 5 consultant를 배정한다.
이렇게 컨설턴트를 배정함으로써 프로젝트 1을 수행하는 데는 10 consultant-months가 걸리고, 프로젝트 2에는 7 consultant-months,
그리고 프로젝트 3에는 13 consultant-months가 소요된다.

〈모형의 최적해〉

네트워크를 통한 최대 흐름의 양은 30(consultant-months)이므로 세 가지 프로젝트 모두는 4개월 이내에 완료될 수 있다. 구체적으로, 첫 번째 달에는 프로젝트 1에 5 consultant를 배정하고, 프로젝트 2에는 2 consultant를 배정한다. 두 번째 달에는 프로젝트 1에 5 consultant, 프로젝트 3에 4 consultant를 배정한다. 세 번째 달에는 프로젝트 2에 5 consultant, 프로젝트 3에 4 consultant를 배정한다. 마지막으로 네 번째 달에는 프로젝트 3에 5 consultant를 배정한다. 이렇게 컨설턴트를 배정함으로써 프로젝트 1을 수행하는 데는 10 consultant-months가 걸리고, 프로젝트 2에는 7 consultant-months, 그리고 프로젝트 3에는 13 consultant-months가 소요된다.

CHAPTER 09

프로젝트 일정관리

익힘문제

1. (1)

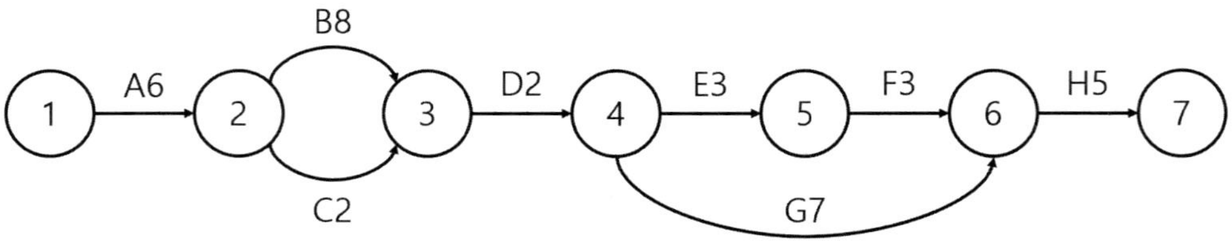

(2)

활동	ES	EF	LS	LF	LS−ES	LF−EF	주활동여부
A	0	6	0	6	0	0	○
B	6	14	6	14	0	0	○
C	6	8	12	14	6	6	×
D	14	16	14	16	0	0	○
E	16	19	17	20	1	1	×
F	19	22	20	23	1	1	×
G	16	23	16	23	0	0	○
H	23	28	23	28	0	0	○

주) 주활동 여부에서 'O'는 주활동, '×'는 주활동이 아님을 나타낸다.

주활동: A, B, D, G, H
주경로: A−B−D−G−H
프로젝트 최단 완성시간= 28(개월)

엑셀파일 캡처화면(수식에 대한 구체적인 내용은 해당 파일에서 확인 가능)

경영대학 건물 건립 문제

활동	직전선행활동	평균소요시간	표준편차	ES	EF	LS	LF	LS-ES	LF-EF	주활동여부
A	-	6	0.6	0	6	0	6	0	0	O
B	A	8	1.3	6	14	6	14	0	0	O
C	A	2	0.2	6	8	12	14	6	6	X
D	B,C	2	0.3	14	16	14	16	0	0	O
E	D	3	1.0	16	19	17	20	1	1	X
F	E	3	0.6	19	22	20	23	1	1	X
G	D	7	1.5	16	23	16	23	C	0	O
H	F,G	5	1.2	23	28	23	28	C	0	O

프로젝트 완성시간 28

<LP 모형>

마디발생시점(T_j)

마디	발생시점
1	0
2	6
3	14
4	16
5	20
6	23
7	28

활동	시작마디(i)	종료마디(j)	Tj	≥	Ti+d(i,j)	제약조건 상태	주활동여부
A	1	2	6	≥	6	속박적	O
B	2	3	14	≥	14	속박적	O
C	2	3	14	≥	8	비속박적	X
D	3	4	16	≥	16	속박적	O
E	4	5	20	≥	19	비속박적	X
F	5	6	23	≥	23	속박적	O
G	4	6	23	≥	23	속박적	O
H	6	7	28	≥	28	속박적	O

프로젝트 완성시간 28

프로젝트 다이어그램

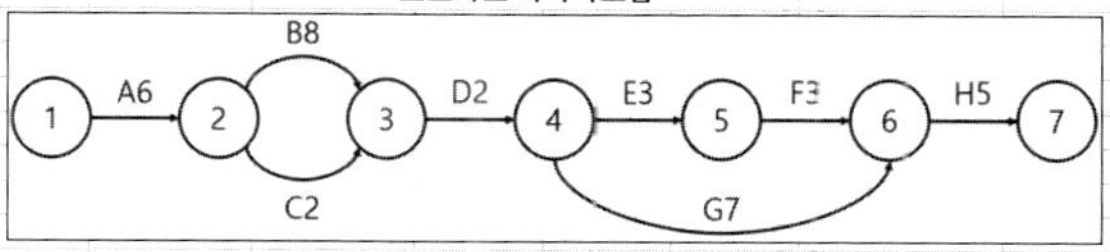

주 1) 활동 E와 F는 동시에 주활동이 되거나 주활동이 안되어야 함. 따라서 활동 F는 주활동이 아님.

주 2) 마디 5의 발생시점은 19가 되어야 함. 현재의 모형에서는 마디 6의 발생시점이 23일 경우, 마디 5의 발생시점이 19 이상이면 실행가능한 해로 인식함.

주 3) LP 모형의 민감도 보고서를 보면 잠재가격이 "1"인 A-B-D-G-H가 주경로(주활동들의 집합)임을 확인할 수 있음.

(3) T_j : 마디 j의 발생시점 ($j = 1,2,3,4,5,6,7$)

$$MIN\ Z = T_7 - T_1$$

$$s.t.\ T_2 \geq T_1 + 6 \text{ (활동 A)}$$

$$T_3 \geq T_2 + 8 \text{ (활동 B)}$$

$$T_3 \geq T_2 + 2 \text{ (활동 C)}$$

$$T_4 \geq T_3 + 2 \text{ (활동 D)}$$

$$T_5 \geq T_4 + 3 \text{ (활동 E)}$$

$$T_6 \geq T_5 + 3 \text{ (활동 F)}$$

$$T_6 \geq T_4 + 7 \text{ (활동 G)}$$

$$T_7 \geq T_6 + 5 \text{ (활동 H)}$$

$$\text{모든 } T_j{'}s \geq 0$$

〈모형의 최적해〉

$T_1 = 0,\ T_2 = 6,\ T_3 = 14,\ T_4 = 16,\ T_5 = 20,\ T_6 = 23,\ T_7 = 28$

$Z = 28$

주활동: A, B, D, G, H (민감도 보고서에서 잠재가격이 "1"인 활동)

주경로: A–B–D–G–H

프로젝트 최단 완성시간=목적함수 값=28(개월)

(4) T_j : 마디 j의 발생시점 $(j = 1,2,3,4,5,6,7)$

A : 활동 A의 소요시간 감소분 (단위: 월)

B: 활동 B의 소요시간 감소분 (단위: 월)

C: 활동 C의 소요시간 감소분 (단위: 월)

D: 활동 D의 소요시간 감소분 (단위: 월)

E: 활동 E의 소요시간 감소분 (단위: 월)

F: 활동 F의 소요시간 감소분 (단위: 월)

G: 활동 G의 소요시간 감소분 (단위: 월)

H: 활동 H의 소요시간 감소분 (단위: 월)

$$MIN\ Z = 10A + 15B + 15C + 20D + 20E + 25F + 25G + 30H$$

$$
\begin{aligned}
s.t.\ & A \le 1 \\
& B \le 1 \\
& C \le 1 \\
& D \le 1 \\
& E \le 1 \\
& F \le 1 \\
& G \le 1 \\
& H \le 1 \\
& T_2 \ge T_1 + 6 - A \\
& T_3 \ge T_2 + 8 - B \\
& T_3 \ge T_2 + 2 - C
\end{aligned}
$$

$T_4 \ge T_3 + 2 - D$

$T_5 \ge T_4 + 3 - E$

$T_6 \ge T_5 + 3 - F$

$T_6 \ge T_4 + 7 - G$

$T_7 \ge T_6 + 5 - H$

$T_7 \le 24$

모든변수 ≥ 0

〈모형의 최적해〉

$Z = 70,\ A = 1, B = 1, C = 0, D = 1, E = 0, F = 0, G = 1, H = 0$

속성처리 후 주경로는 두 가지로 나타난다.

주경로: A-B-D-G-H 또는 A-B-D-E-F-H

각각의 주경로를 구성하는 활동이 주활동이다.

프로젝트 최단 완성시간 = 24(개월)

속성처리비용 = 70(백만 원)

엑셀파일 캡처화면(수식에 대한 구체적인 내용은 해당 파일에서 확인 가능)

경영대학 건물 건립 문제

<속성처리>

활동	직전선행활동	소요시간	속성처리비용/월	소요시간 감소분
A	-	6	10	1
B	A	8	15	1
C	A	2	15	0
D	B,C	2	20	1
E	D	3	20	0
F	E	3	25	0
G	D	7	25	1
H	F,G	5	30	0

속성처리 후의 프로젝트 다이어그램

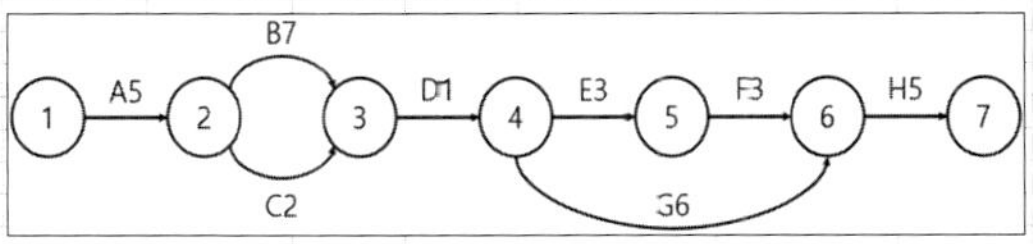

마디발생시점(T_j)

마디	발생시점
1	0
2	5
3	12
4	13
5	16
6	19
7	24

활동	시작마디(i)	종료마디(j)	Tj	≥	Ti+d(i,j)-감소분	제약조건 상태	주활동여부
A	1	2	5	≥	5	속박적	O
B	2	3	12	≥	12	속박적	O
C	2	3	12	≥	7	비속박적	X
D	3	4	13	≥	13	속박적	O
E	4	5	16	≥	16	속박적	O
F	5	6	19	≥	19	속박적	O
G	4	6	19	≥	19	속박적	O
H	6	7	24	≥	24	속박적	O

프로젝트 완성시간	24	≤	24
속성처리비용	70		

(5) E(프로젝트 완성시간)

=E(주경로 길이)

=E(활동 A 소요시간)+E(활동 B 소요시간)+E(활동 D 소요시간)+E(활동 G 소요시간)+E(활동 H 소요시간)

=6+8+2+7+5

=28(개월)

Var(프로젝트 완성시간)

=Var(주경로 길이)

=Var(활동 A 소요시간)+Var(활동 B 소요시간)+Var(활동 D 소요시간)+Var(활동 G 소요시간)+Var(활동 H 소요시간) (∵활동들의 소요시간 상호 독립적)

$=0.6^2+1.3^2+0.3^2+1.5^2+1.2^2$

=5.83(개월)^2

따라서 프로젝트 완성시간의 표준편차=2.41(개월)

① P(프로젝트 완성시간≤24)

$=P(Z \leq \frac{24-28}{2.41})$

$=P(Z \leq -1.66)$

=0.0485(4.85%)

② P(프로젝트 완성시간>30)

$=P(Z > \frac{30-28}{2.41})$

$=P(Z > 0.83)$

=0.2033(20.33%)

CHAPTER 10 다목표 의사결정

익힘문제

1. 목표들의 상충성으로 일부의 목표는 만족되지만 일부의 목표는 불가피하게 희생될 수밖에 없을 때 전체적인 관점에서 희생의 폭을 최소화할 수 있는 해이다.

2. 선형계획법은 주어진 조건에서 단일 목표를 달성하기 위한 최선의 행동방안(optimal solution)을 모색하는 현실 순응적 문제해결 접근방식이라면 목표계획법은 다수 목표의 목표수준을 의사결정자가 설정하고, 이들을 가급적 만족시키고자 노력하는 현실 개척적 문제해결 접근방식이라고 할 수 있다.

3. ④, 목표계획모형의 어느 한 목표제약조건에서 목표수준 초과분과 미달분이 동시에 '0'의 값을 가질 수 있다. 이 경우는 실제의 행동결과가 목표 수준과 정확히 일치했음을 의미한다.

4. X_j : 프로젝트 j의 수행여부($j = 1,2,3,4$)
   Y: 프로젝트 1과 프로젝트 2의 동시수행여부

   $MIN\ P_1 V_1 + P_2(U_2 + V_2) + P_3 V_3 + P_4 U_4 \ \ (P_1 \ggg P_2 \ggg P_3 \ggg P_4)$
   $s.t.\ 6X_1 + 8X_2 + 9X_3 + 5X_4 - 2Y \le 22$ (소요자금 제약, 단위: 억원)
   $X_1 + X_2 \ge 2Y$ (프로젝트 1, 2 동시 진행 제약)
   $X_1 + X_2 \le Y + 1$ (프로젝트 1, 2 동시 진행 제약)
   $4X_1 + 6X_2 + 7X_3 + 2X_4 - U_1 + V_1 = 15$ (1순위 목표제약)
   $12X_1 + 14X_2 + 15X_3 + 8X_4 - U_2 + V_2 = 35$ (2순위 목표제약)
   $X_1 + X_2 + X_3 + X_4 - U_3 + V_3 = 3$ (3순위 목표제약)
   $U_2 - U_4 + V_4 = 2$ (4순위 목표제약)
   모든 $X_j = 0 \text{ or } 1\ (j = 1,2,3,4)$, $Y = 0 \text{ or } 1$

(1) $X_1 = 0, X_2 = 1, X_3 = 1, X_4 = 1,\ Y = 0,$ 목표 2의 목표수준 초과분 2(명) 발생

(2) 다수 목표의 절대적 우선순위 또는 가중치(상대적 우선순위), 시스템 제약조건과 목표의 구분, 다수 목표 각각의 목표수준

5. (1) X_j : 기계 j를 이용한 생산량, Y_j : 기계 j의 기계조정 여부 $(j = 1,2,3,4)$

Z: 기계 1과 기계 2의 동시사용 여부

$MIN\ Z = P_1 U_1 + P_2 U_2 + P_3 (U_3 + V_3)\ (P_1 \gg P_2 \gg P_3)$

$s.t.\ \ X_1 \le 650 Y_1,\ X_2 \le 750 Y_2,\ X_3 \le 1250 Y_3,\ X_4 \le 500 Y_4$ (최대생산능력)

$X_1 + X_2 + X_3 + X_4 \ge 2000$ (수요량)

$Y_1 + Y_2 \ge 2Z$ (기계1, 기계2 동시 사용제약)

$Y_1 + Y_2 \le Z + 1$ (기계1, 기계2 동시 사용제약)

$1.2X_1 + 0.5X_2 + 0.7X_3 + 0.6X_4 + 30 Y_1 + 60 Y_2 + 45 Y_3 + 40 Y_4 - 10Z -$

$U_1 + V_1 = 2000$ (1순위 목표제약)

$Y_1 + Y_2 + Y_3 + Y_4 - U_2 + V_2 = 3$ (2순위 목표제약)

$X_1 + X_2 - U_3 + V_3 = X_3 + X_4$ (3순위 목표제약)

$all\ X_j \ge 0,\ all\ Y_j = 0 \text{ or } 1\ (j = 1,2,3,4),\ Z = 0 \text{ or } 1,$ 모든 편차변수 ≥ 0

기계 1, 2, 3을 조정하고, 기계 1로 250개, 기계 2로 750개, 기계 3으로 특수 베어링 1000개를 생산하면 3가지 목표 모두를 만족시킬 수 있다. 참고로 베어링 생산비용은 1500만원이 발생하여 목표 1의 목표수준 미달분(V1)은 500(만원) 발생한다.

(2) 모형의 목적함수를 $MIN\ Z = 6U_1 + 3U_2 + 2(U_3 + V_3)$로 변환시킴. 만족해는 (1)번과 동일하게 나타난다.

참고) 이 문제의 경우 (1)의 우선순위모형과 (2)의 가중합계모형의 만족해가 동일하게 나타난다.

(3) (1)의 우선순위모형은 문제해결을 위해 개인이나 조직의 모든 힘을 동원하여 우선순위가 가장 높은 목표부터 달성하도록 노력하며, 남은 힘으로 다음 순위의 목표를 차례로 달성하는 접근방식을 취함. 반면 (2)의 가중합계도형은 개인이나 조직의 힘을 목표들의 가중치에 따라 미리 나눈 후 배분된 각각의 힘으로 각각의 목표를 달성하기 위해 노력하는 접근방식을 취한다.

6. (1) X_j : 프로젝트 j의 선택 여부 $(j = 1,2,3,4)$

Y : 프로젝트 3과 4의 동시 선택 여부

$MIN\ \ P_1 V_1 + P_2 U_2 + P_3 (U_3 + V_3)\ \ (P_1 \ggg P_2 \ggg P_3)$

$s.t.\ \ 220X_1 + 180X_2 + 280X_3 + 240X_4 - 20Y \le 500$

$X_3 + X_4 \ge 2Y$

$X_3 + X_4 \le Y + 1$

$45X_1 + 30X_2 + 60X_3 + 40X_4 - U_1 + V_1 = 100$

$0.25X_1 + 0.30X_2 + 0.60X_3 + 0.40X_4 - U_2 + V_2 = 0.3(X_1 + X_2 + X_3 + X_4)$

$X_1 + X_2 + X_3 + X_4 - U_3 + V_3 = 3$

$X_1, X_2, X_3, X_4, Y = 0$ or 1, 모든 편차변수 ≥ 0

(2) $MIN\ \ 15V_1 + 3U_2 + U_3 + V_3$

7. X_1 : 상품 1 투자금액(단위: 만원), X_2 : 상품 2 투자금액((단위: 만원)

$MIN\ Z = P_1 V_1 + P_2 U_2 + P_3 (V_{31} + U_{32} + V_{33} + U_{34})$

$s.t.\ \ X_1 + X_2 = 10000$

$0.1X_1 + 0.04X_2 - U_1 + V_1 = 0.06(X_1 + X_2)$ (1순위 목표제약)

$0.08X_1 - U_2 + V_2 = 0.02(X_1 + X_2)$ (2순위 목표제약)

$X_1 - U_{31} + V_{31} = 3000$ (3순위 목표제약)

$X_1 - U_{32} + V_{32} = 6000$ (3순위 목표제약)

$X_2 - U_{33} + V_{33} = 3000$ (3순위 목표제약)

$X_2 - U_{34} + V_{34} = 6000$ (3순위 목표제약)

$X_1, X_2 \geq 0$, 모든 편차변수 ≥ 0

김투자씨의 투자방안은 상품 1에 투자금액의 1/3인 3,333만원 투자하고, 상품 2에는 투자금액의 2/3인 6667만원 투자하는 것이다. 이 경우, 2% 이내로 억제하고자 한 투자위험도는 0.66% 정도 초과하게 되고, 상품 2에 투자하는 금액은 투자 상한선인 6000만원보다 667만원 초과하게 된다.

8. X_{ij} : 부품업체 j에서 납품받는 부품 i의 양 $(i = 1,2,3,4;\ j = 1,2,3,4)$

$MIN\ Z = P_1 U_1 + P_2 V_2 + P_3 (U_{31} + U_{32} + U_{33} + U_{34}) + P_4 V_4$

$s.t.$ $X_{11} + X_{12} + X_{14} \geq 15000$ (부품1 수요제약)

$X_{22} + X_{23} + X_{24} \geq 30000$ (부품2 수요제약)

$X_{31} + X_{32} + X_{33} \geq 10000$ (부품3 수요제약)

$X_{41} + X_{44} \geq 20000$ (부품4 수요제약)

$X_{41} \leq 18000$ (공급량 제약), $X_{12} \leq 3000$ (공급량 제약)

$X_{24} \leq 15000$ (공급량 제약), $X_{44} \leq 5000$ (공급량 제약)

$25X_{11} + 28X_{12} + 30X_{14} + 80X_{22} + 75X_{23} + 82X_{24} + 30X_{31} + 28X_{32}$

$+ 33X_{33} + 40X_{41} + 42X_{44} - U_1 + V_1 = 3,500,000$ (1순위 목표제약)

$30X_{14} + 82X_{24} + 42X_{44} - U_2 + V_2 = 500,000$ (2순위 목표제약)

$25X_{11} + 30X_{31} + 40X_{41} - U_{31} + V_{31} = 1,200,000$ (3순위 목표제약)

$28X_{12} + 80X_{22} + 28X_{32} - U_{32} + V_{32} = 1,200,000$ (3순위 목표제약)

$75X_{23} + 33X_{33} - U_{33} + V_{33} = 1,200,000$ (3순위 목표제약)

$30X_{14} + 82X_{24} + 42X_{44} - U_{34} + V_{34} = 1,200,000$ (3순위 목표제약)

$25X_{11} + 30X_{31} + 40X_{41} - U_4 + V_4 = 1,000,000$ (4순위 목표제약)

모든 변수 ≥ 0

(1) 만족해는 다음 표와 같다.

납품량	부품업체 1	부품업체 2	부품업체 3	부품업체 4
부품 1	15000	0	0	0
부품 2	0	0	30000	0
부품 3	0	10000	0	0
부품 4	18000	0	0	2000

즉, 부품 1은 부품업체 1에서 15,000개, 부품 2는 부품업체 3에서 30,000개, 부품 3은 부품업체 2에서 10,000개, 그리고 부품 4는 부픔업체 1에서 18,000개, 부품업체 4에서 2,000개 납품받는 것이다. 이 경우 모든 부품업체에게 지급되는 총금액은 목표 1의 목표수준 35억원보다 2억9백만원이 초과된 37억9백만원이 되고, 부품업체 4에게 지급되는 금액은 목표 2의 목표수준인 5억보다 4억1천6백만원 모자란 8천4백만원이 된다. 그리고 목표 3에서 부품업체 3에게 지급되는 금액은 목표수준인 12억원보다 10억5천만원 많은 22억5천만원이 된다.

(2) 이 문제에서 가장 중요한 목표인 목표 1은 달성되지 않는다. 가장 중요한 목표일지라고 시스템 제약조건을 위배할 수는 없다.

(3) 모든 부품업자의 요구를 들어줄 수 있는 것은 아니다. 부품업자의 요구를 시스템 제약조건으로 처리한다는 것은 그 요구를 반드시 들어주어야 함을 의미한다. 따라서 부품업자 4의 요구는 목표로 처리하는 것이 타당하다. 문제에서 부품업자 4의 요구는 목표 2로 처리되었다.

(4) 시스템 제약조건이 항상 우선한다. 따라서 동일한 사안을 시스템 제약조건과 목표로 함께 고려할 필요는 없다.

9. X_{ij} : 단과대학 j에서 선발하는 유형 i의 학생 수

($i=1$: 해당 광역단체 거주 남학생, $i=2$: 해당 광역단체 거주 여학생, $i=3$: 기타 지역 거주 남학생, $i=4$: 기타 지역 거주 여학생, $j=1$: 문리대학, $j=2$: 경영대학, $j=3$: 공과대학)

$$MIN\ Z = 128(U_1 + V_1) + 64V_2 + 32V_3 + 16V_4 + 8U_5 + 4V_6 + 2V_7 + U_8$$

$$s.t.\ \ X_{11} \le 800, X_{12} \le 400, X_{13} \le 200,\ \ X_{21} \le 400, X_{22} \le 100, X_{23} \le 10,$$

$$X_{31} \leq 300, X_{32} \leq 100, X_{33} \leq 50, \; X_{41} \leq 150, X_{42} \leq 50, X_{43} \leq 5$$

(입학자격 학생 수 상한 선)

$$\sum_{i=1}^{4}\sum_{j=1}^{3} X_{ij} - U_1 + V_1 = 2000 \text{ (1순위 목표제약)}$$

$$\sum_{i=1}^{4} X_{i1} - U_2 + V_2 = 1500 \text{ (2-1순위 목표제약)}$$

$$\sum_{i=1}^{4} X_{i2} - U_3 + V_3 = 400 \text{ (2-2순위 목표제약)}$$

$$\sum_{i=1}^{4} X_{i3} - U_4 + V_4 = 200 \text{ (2-3순위 목표제약)}$$

$$\sum_{i=3}^{4}\sum_{j=1}^{3} X_{ij} - U_5 + V_5 = 0.25\left(\sum_{i=1}^{4}\sum_{j=1}^{3} X_{ij}\right) \text{ (3순위 목표제약)}$$

$$0.5\sum_{j=1}^{3} X_{1j} + 0.6\sum_{j=1}^{3} X_{2j} + 0.8\sum_{j=1}^{3} X_{3j} + 0.95\sum_{j=1}^{3} X_{4j} - U_6 + V_6 = 1300$$

(4순위 목표제약)

$$\sum_{j=1}^{3} X_{2j} + \sum_{j=1}^{3} X_{4j} - U_7 + V_7 = 0.4\left(\sum_{i=1}^{4}\sum_{j=1}^{3} X_{ij}\right) \text{ (5순위 목표제약)}$$

$$U_6 - U_{8+} V_8 = 50 \text{ (6순위 목표제약)}$$

$$\text{모든 변수} \geq 0$$

위 가중합계모형의 만족해(선발인원)는 다음과 같다.

	문리대학	경영대학	공과대학
해당 광역단체 거주 남학생	655	250	85
해당 광역단체 거주 여학생	400	100	10
기타 지역 거주 남학생	295	0	0
기타 지역 거주 여학생	150	50	5

이 만족해를 실행할 경우, 공과대학은 정원 200명 중 100명을 채우지 못하고, 기숙사에는 입주 목표인 1,300명보다 약 68명이 모자란 신입생이 입주한다. 그리고 여학생의 입학비율을 최소한 40%로 800명(2000×0.4) 이상이 되도록 하였지만, 이에 85명이 부족한 715명이 입학하게 된다.

스마트
경영과학

PART
IV

효율성 평가와 스마트한 선택

CHAPTER 11

자료포괄분석

익힘문제

1. 수리적 모형

〈지점 A〉

U_i : 투입물 i의 가중치, V_j : 산출물 j의 가중치 $(i=1,2,3;\ j=1,2)$

$$MAX\ \ E_A = 200V_1 + 25V_2$$

$$\begin{aligned} s.t.\ \ & 15U_1 + 200U_2 + 50U_3 = 1 \\ & 200V_1 + 25V_2 \le 15U_1 + 200U_2 + 50U_3 \\ & 220V_1 + 28V_2 \le 14U_1 + 230U_2 + 52U_3 \\ & 210V_1 + 27V_2 \le 16U_1 + 190U_2 + 52U_3 \\ & U_1, U_2, U_3, V_1, V_2 \ge \varepsilon \end{aligned}$$

〈지점 B〉

U_i : 투입물 i의 가중치, V_j : 산출물 j의 가중치 $(i=1,2,3;\ j=1,2)$

$$MAX\ \ E_B = 220V_1 + 28V_2$$

$$\begin{aligned} s.t.\ \ & 14U_1 + 230U_2 + 52U_3 = 1 \\ & 200V_1 + 25V_2 \le 15U_1 + 200U_2 + 50U_3 \\ & 220V_1 + 28V_2 \le 14U_1 + 230U_2 + 52U_3 \\ & 210V_1 + 27V_2 \le 16U_1 + 190U_2 + 52U_3 \\ & U_1, U_2, U_3, V_1, V_2 \ge \varepsilon \end{aligned}$$

〈지점 C〉

U_i : 투입물 i의 가중치, V_j : 산출물 j의 가중치 $(i=1,2,3;\ j=1,2)$

$$MAX\ \ E_C = 210V_1 + 27V_2$$

$$
\begin{aligned}
s.t.\quad & 16U_1 + 190U_2 + 52U_3 = 1 \\
& 200V_1 + 25V_2 \le 15U_1 + 200U_2 + 50U_3 \\
& 220V_1 + 28V_2 \le 14U_1 + 230U_2 + 52U_3 \\
& 210V_1 + 27V_2 \le 16U_1 + 190U_2 + 52U_3 \\
& U_1, U_2, U_3, V_1, V_2 \ge \varepsilon
\end{aligned}
$$

주) 위의 모형을 풀 때, $U_1, U_2, U_3, V_1, V_2 \ge \varepsilon$는 실무적으로 비음조건으로 놓아도 무방하다.

(1) 효율성지수

지점 A	지점 B	지점 C
0.97	1	1

효율성지수가 1로 나타난 지점 B와 지점 C는 상대적으로 효율적인 단위이고, 효율성지수가 1보다 작게 나타난 지점 A는 상대적으로 비효율적인 단위이다.

(2) 구조조정 방안

지점 A에 대한 효율성 평가 모형의 해답 보고서에서 제약조건의 상태가 "만족(binding)"인 지점 B와 지점 C는 지점 A가 효율적인 조직으르 변모하기 위한 참조집단이 된다. 민감도 보고서의 잠재가격(지점 B: 0.42, 지점 C: 0.51)을 선형결합계수로 사용하여 지점 A의 구조조정 목표(즉, 가상의 효율적 단82위의 투입-산출 수준)를 산출하면 다음과 같다.

	투입물 1	투입물 2	투입물 3	산출물 1	산출물 2
가상의 효율적 단위	14.08	193.94	48.48	200	25.59
지점 A	15	200	50	200	25
구조조정량	−0.92	−6.06	−1.52	0	0.59

즉, 지점 A는 월평균 근무시간(투입물 1, 단위 100시간)을 92시간, 시설면적(투입물 2, 단위: 평)을 6.06평, 영업활동비용(투입물 3, 단위: 백만원)을 152만원 줄이고, 월평균 예탁고 수준(산출물 2, 단위: 백만원)을 59만원 증가시키면 효율적인 조직으로 변모할 수 있다.

2. (1) U_i : 투입물 i의 가중치, V_j : 산출물 j의 가중치 $(i=1,2;\ j=1,2)$

$$
\begin{aligned}
&MAX\ \ E_1 = 5V_1 + 10V_2 \\
&s.t.\ \ 8U_1 + 15U_2 = 1 \\
&\qquad 5V_1 + 10V_2 \le 8U_1 + 15U_2 \\
&\qquad 9V_1 + 16V_2 \le 4U_1 + 15U_2 \\
&\qquad 4V_1 + 13V_2 \le 5U_1 + 11U_2 \\
&\qquad 12V_1 + 12V_2 \le 6U_1 + 12U_2 \\
&\qquad U_1, U_2, V_1, V_2 \ge \varepsilon
\end{aligned}
$$

주) 위의 모형을 풀 때, $U_1, U_2, V_1, V_2 \ge \varepsilon$는 실무적으로 비음조건으로 놓아도 무방하다.

(2) 해답 보고서에서 제약조건의 상태가 "만족(binding)"인 DMU 3과 DMU 4가 DMU 1의 참조집단이 된다. 왜냐하면 제약조건의 상태가 "만족"이 나왔다는 것은 DMU 3과 DMU 4는 DMU 1에게 가장 우호적인 가중치가 부여되었음에도 불구하고 효율적인 단위로 판명되었음을 의미하기 때문이다.

(3) 민감도 보고서에서 참조집단인 DMU 3과 DMU 4의 잠재가격(0.56, 0.23)을 선형결합계수로 사용하여 가상의 효율적 단위의 투입-산출 수준(구조조정 목표)을 구하면 다음과 같다.

	투입물 1	투입물 2	산출물 1	산출물 2
가상의 효율적 단위	4.18	8.92	5	10.04
DMU 1	8	15	5	10
구조조정량	−3.82	−6.08	0	0

즉, DMU 1은 현재보다 투입물 1은 3.82단위, 투입물 2는 6.08단위 줄이고, 현재의 산출물 수준을 유지하면 효율적인 단위로 변모할 수 있다.

3. (1) U_i : 투입물 i의 가중치, V_j : 산출물 j의 가중치 $(i=1,2,3;\ j=1,2)$

$$
\begin{aligned}
&MAX\ \ E_3 = 17V_1 + 40V_2 \\
&s.t.\ \ 16U_1 + 19U_2 + 51U_3 = 1 \\
&\quad 18V_1 + 42V_2 \le 13U_1 + 18U_2 + 50U_3 \\
&\quad 15V_1 + 35V_2 \le 15U_1 + 20U_2 + 50U_3 \\
&\quad 17V_1 + 40V_2 \le 16U_1 + 19U_2 + 51U_3 \\
&\quad 18V_1 + 45V_2 \le 14U_1 + 23U_2 + 51U_3 \\
&\quad U_1, U_2, U_3, V_1, V_2 \ge \varepsilon
\end{aligned}
$$

주) 위의 모형을 풀 때, $U_1, U_2, U_3, V_1, V_2 \ge \varepsilon$는 실무적으로 비음조건으로 놓아도 무방하다.

(2) 해답 보고서에서 제약조건의 상태가 '만족(binding)'인 DMU 1과 DMU 4가 DMU 3의 참조집단이 된다.

(3) 민감도 보고서에서 참조집단인 DMU 1과 DMU 4의 잠재가격(0.83, 0.11)을 선형결합해서 구한 구조조정 목표(가상의 효율적 단위의 투입-산출 수준)는 다음과 같다.

	투입물 1	투입물 2	투입물 3	산출물 1	산출물 2
가상의 효율적 단위	12.33	17.47	47.11	16.92	39.81
DMU 3	16	19	51	17	40
구조조정량	−3.67	−1.53	−3.89	0	0

즉, DMU 3은 현재보다 투입물 1은 3.67단위, 투입물 2는 1.53단위, 투입물 3은 3.89단위 줄이고, 현재의 산출물 수준을 유지하면 효율적인 단위로 변모할 수 있다.

4. (1) 효율성 평가 결과

A대	B대	C대	D대	E대	F대	G대	H대
0.81	1	1	0.85	0.84	1	0.52	1

DEA를 이용하여 효율성을 평가한 결과, B대, C대, F대, 그리고 H대는 효율적인 단위로 판명된 반면, 나머지 대학(A대, D대, E대, G대)은 비효율적인 단위로 나타났다. 가장 비효율적인 단위인 G대의 참조대상은 G대에 대한 효율성 평가모형의 해답보고서를 보면 H대임을 알 수 있다. G대에 대한 효율성 평가모형의 민감도 보고서에서 H대의 잠재가격(1.06)을 이용하여 구한 G대의 구조조정 목표는 다음과 같다.

	투입요소 1	투입요소 2	산출요소 1	산출요소 2	산출요소 3
가상의 효율적 단위	0.0273	23.16	69	34.82	0.0832
대학 G	0.0574	44.19	69	12	0.0134
구조조정량	−0.0301	−21.03	0	+22.82	+0.0698

즉, G대는 현재보다 학생 1인당 교수 수(투입요소 1, 단위: 명)는 0.03명, 학생 1인당 예산(투입요소 2, 단위: 백만원)은 2천1백만원 정도 줄이고, 대기업 취업률(산출요소 2, 단위: %)는 현재보다 22.82%, 학생 1인당 상장기업 임원 수(산출요소 3, 단위: 명)는 0.07명 정도 높여야 효율적 대학으로 변모할 수 있다.

(2) 회귀분석 결과

종속변수	독립변수	계수	표준오차	t 통계량	p-값
산출요소 1	투입요소 1	35.24344	159.5949	0.220831	0.833959
	투입요소 2	−0.07972	0.081371	−0.97974	0.372208
산출요소 2	투입요소 1	52.9064	412.6551	0.12821	0.90298
	투입요소 2	−0.01869	0.210397	−0.08884	0.932656
산출요소 3	투입요소 1	1.057947	1.954795	0.541206	0.611598
	투입요소 2	0.001349	0.000997	1.353615	0.233831

회귀분석 결과, 산출요소 1, 2, 3 각각에 대한 투입요소 1과 투입요소 2의 회귀계수의 p-값은 모두 5%(0.05)보다 큰 것으로 나타나 모든 산출요소에 대한 투입요소의 회귀계수는 5% 유의수준에서 통계적으로 의미가 없는 것으로 나타났다.

(3) 상관계수

	산출요소 1	산출요소 2	산출요소 3
산출요소 1	1	0.214	−0.263
산출요소 2	0.214	1	0.715
산출요소 3	−0.263	0.715	1

상관관계 분석 결과, 산출요소 1과 2는 0.214 수준의 양의 상관관계를, 산출요소 1과 3은 0.263 수준의 음의 상관관계를, 그리고 산출요소 2와 3은 0.715 수준의 양의 상관관계를 보였다. 산출요소 1과 산출요소 2, 그리고 산출요소 1과 산출요소 3은 상관관계가 높지 않아 독립적이라고 볼 수 있지만, 산출요소 2와 산출요소 3은 상관관계가 높은 것으로 나타나 상호 독립적으로 보기 어렵다. 즉, 산출요소 2와 산출요소 3은 비슷한 측면을 설명하는 산출요소라고 평가할 수 있다.

(4) 투입요소와 산출요소의 적정성

DEA 분석에 있어서 투입요소와 산출요소 사이에는 인과관계가 존재하는 것이 바람직하다. 하지만 회귀분석 결과 모든 투입요소는 어떠한 산출요소와도 통계적으로 의미 있는 관계를 보이지 않아 투입요소와 산출요소 간에 의미 있는 인과관계가 존재한다고 보기 어렵다. 아울러 DEA 분석에서 투입과 산출, 각각의 요소는 서로 다른 측면을 이야기함과 동시에 합쳐서 전체를 설명해 줄 수 있는 요소들로 구성되는 것이 바람직하다. 하지만 (4)에서 세 가지 산출요소의 상관관계를 구한 결과, 산출요소 2와 산출요소 3은 상관관계가 높아 서로 유사한 측면을 설명하는 산출요소라고 판단할 수 있다. 대학들에 대한 효율성 평가를 더 적절히 수행하기 위해서는 자원으로서의 투입요소와 성과로서의 산출요소 간의 의미 있는 인과관계를 보여줄 수 있는 투입요소와 산출요소를 선정하는 것이 바람직하다. 또한 산출요소 2와 산출요소 3중 하나를 제거하거나 이들을 대체할 수 있는 새로운 산출요소를 이용하여 효율성 분석을 진행하는 것이 더 바람직할 것이다.

CHAPTER 12

계층화분석과정

익힘문제

1. ①, 가중점수법은 보상형 모형(compensatory model)이다.

2. ①과 ⑤, ①에서 속성분리방법이 속성결합방법보다 더 많은 대안을 추려낼 수 있다. ⑤에서 판단의 일관성은 좋은 의사결정을 위한 필요조건이지 충분조건은 아니다.

3. ⑤, 새로운 대안이 추가되거나 기존의 대안들 중 하나가 삭제됨에 따라 기존 대안들의 평가순위가 달라지는 현상이다.

4. 모든 보기가 옳다.

5. ④, AHP에서는 일반적으로 여러 평가자의 이원비교결과를 종합화하는 수단으로 기하평균을 사용한다. 기하평균은 극단값의 영향을 감소시키고, 이원비교행렬의 역수조건을 만족시킨다.

6. $\sqrt[3]{8 \times 2 \times 4} = 4$

7. 대안 선택을 위한 방법으로 속성분리방법, 속성결합방법, 사전편찬식 방법, 속성별 제거법은 방법의 편리성으로 인해 실생활에서 많이 활용되고 있다. 각각의 방법이 활용되는 사례를 여러분의 주위에서 찾아보자.

8. =MMULT(A1:D3,F1:F4)

9. =MMULT(B2:D5,E2:E4)

10. ① 구간척도
② 비율척도
③ 서열척도
④ 비율척도
⑤ 명목척도

11. (1) ⓐ 1 ⓑ $\frac{1}{3}$ ⓒ 1 ⓓ $\frac{1}{2}$ ⓔ $\frac{1}{5}$ ⓕ 1

(2) $\begin{bmatrix} 1 & \frac{1}{3} & 2 \\ 3 & 1 & 5 \\ \frac{1}{2} & \frac{1}{5} & 1 \end{bmatrix}$

하위기준 1, 2, 3의 상대적 중요도 = (0.230, 0.648, 0.122)

(3) CR(일관성비율) $= \frac{0.002}{0.58} = 0.003 < 0.10$

CR(일관성비율)은 0.003으로 일반적인 기준값 0.1보다 작으므로 해당 이원교행렬은 일관적이라고 평가한다.

(4) $0.6(0.4)+0.4[0.230(0.2)+0.648(0.4)+0.122(0.3)] = 0.377$

12. (1) $A = \begin{bmatrix} 1 & \frac{1}{5} \\ 5 & 1 \end{bmatrix}$

$$A - \lambda I = \begin{bmatrix} 1 & \frac{1}{5} \\ 5 & 1 \end{bmatrix} - \lambda \begin{bmatrix} 1 & 0 \\ 0 & 1 \end{bmatrix}$$

$$= \begin{bmatrix} 1-\lambda & \frac{1}{5} \\ 5 & 1-\lambda \end{bmatrix}$$

$$\det(A-\lambda I) = (1-\lambda)^2 - 1 = 0$$

$$\rightarrow 1-\lambda = \pm 1 \rightarrow \lambda = 2 \text{ or } 0$$

따라서 $\lambda_{\max} = 2$ 이고, 다른 하나의 아이겐벨류 = 0이다.

(2) $\begin{bmatrix} 1 & \frac{1}{5} \\ 5 & 1 \end{bmatrix} \begin{bmatrix} w_1 \\ w_2 \end{bmatrix} = 2\begin{bmatrix} w_1 \\ w_2 \end{bmatrix}$

$\begin{bmatrix} w_1 & + \frac{1}{5}w_2 = 2w_1 \\ 5w_2 + & w_2 \ = 2w_2 \end{bmatrix}$

$\rightarrow \begin{bmatrix} w_2 = 5w_1 \\ w_1 + w_2 = 1 \end{bmatrix} \rightarrow \boldsymbol{w} = \begin{bmatrix} w_1 \\ w_2 \end{bmatrix} = \begin{bmatrix} \frac{1}{6} \\ \frac{5}{6} \end{bmatrix}$

13. (1) ⓐ 1 ⓑ $\frac{1}{4}$ ⓒ 1

(2) 이원비교행렬 → 정규화 행렬 → 상대적 중요도 도출

$\begin{bmatrix} 1 & 4 \\ \frac{1}{4} & 1 \end{bmatrix} \rightarrow \begin{bmatrix} \frac{4}{5} & \frac{4}{5} \\ \frac{1}{5} & \frac{1}{5} \end{bmatrix} \rightarrow \begin{bmatrix} 0.8 \\ 0.2 \end{bmatrix}$

기준 1과 기준 2의 상대적 중요도 = (0.8, 0.2)

(3) 2×2 이원비교행렬에서 대각선 요소(a_{11}과 a_{22})는 항상 1의 값을 갖고, a_{12}의 값이 정해지면 a_{21}의 값은 a_{12}의 역수가 되므로 2×2 이원비교행렬은 항상 완벽한 일관성을 갖는다. 이원비교행렬이 완벽한 일관성을 갖추면 (2)에서처럼 정규화 행렬의 각 행의 요소는 동일하게 나타난다.

(4) $0.8(0.3)+0.2[0.3(0.5)+0.7(0.2)] = 0.298$

14. (1) $0.3(\frac{0.2}{0.4})+0.2(\frac{0.6}{0.6})+0.5(\frac{0.4}{0.5}) = 0.75$

(2) $w_2 = \frac{1}{3}\sum_{k=2}^{3}\frac{1}{k} = \frac{1}{3}(\frac{1}{2}+\frac{1}{3}) = 0.278$

(3) 우선 추천서 기준에 10의 가중치를 부여하면, 학점의 가중치는 30, 면접의 가중치는 50이 된다. 이제 면접, 학점, 추천서의 최종 가중치는 앞의 가중치를 정규화하여 구한다.

결국, 면접, 학점, 추천서의 가중치 $= (\frac{50}{90}, \frac{30}{90}, \frac{10}{90}) = (0.56, 0.33, 0.11)$

(4) ① 각 등급의 정의와 각 등급은 어떻게 성취될 수 있는지 명확히 해야 한다. 아울러 이를 이해관계자들과 논의하고 그들의 동의를 얻는 것이 필요하다.

② 등급의 개수와 등급 간의 차별성이 경험 및 객관적 자료에 의해 지원될 수 있어야 한다.

③ 평가기준의 등급은 'MECE', 즉 상호배반적(mutually exclusive)이면서도 해당 기준 전체를 설명할 수 있어야(collectively exhaustive) 한다.

15. 1억원$\times(\frac{0.3}{2.0}) = 1,500$만원

16. (박팀장, 한팀장, 오팀장, 임팀장, 구팀장)의 배분 비율

$= (\frac{1.00}{3.03}, \frac{0.75}{3.03}, \frac{0.53}{3.03}, \frac{0.48}{3.03}, \frac{0.27}{3.03})$

$= (0.33, 0.25, 0.17, 0.16, 0.09)$

17. (1) 우선, 네 가지 주기준(경제적 요인, 근무 조건, 기업 전망, 개인 전망)을 이원비교(여섯 번의 이원비교)하여 네 가지 주기준의 상대적 중요도를 평가한다. 그런 후 각각의 주기준 하에서 하위기준들을 이원비교하여 각 주기준 하에서 하위기준들의 상대적 중요도를 평가한다.

(2) 각 하위기준의 등급화를 시도한다. 각 하위기준의 등급들(rating intensities)은 매력도 차원에서 서로 차별화된다는 믿음이 있어야 하며, 등급은 상호배반적이면서 해당 하위기준 전체를 설명할 수 있어야(MECE: mutually exclusive and collectively exhaustive) 한다. 또한 등급의 이름이 추상적일 경우(예를 들어, '복지후생'이라는 하위기준을 '우수', '보통', '열악'이라는 이름으로 등급화하였을 경우), 각 등급은 무엇을 의미하는지 구체적으로 정의하여야 한다.

18. AHP의 상대적 측정을 이용하여 세 곳의 입지 후보지 중 최선의 후보지를 선택하는 문제이다. 문제에서 주어진 입지 후보지 정보를 읽고, 최선의 후보지를 선택하기 위한 주기준과 하위기준을 설정한다. 이를 위해 우선 입지 후보지 조건을 크게 주기준으로 분류하고, 각 주기준 하에서 하위기준을 만든다. 기준들은 서로 독립적이면서 합쳐서 전체를 설명하도록 설정하는 것이 바람직하다. 가급적 부동산 관련 전문가에게 이원비교를 요청해 주기준과 하위기준의 가중치를 도출하고, 이에 근거해 최적 입지를 제안해 보라. 이원비교를 요청할 때 숫자로 평가하라고(numerical judgment) 요청하기보다는 말로 평가하도록(verbal judgment) 요청하고, 말로 평가된 전문가의 이원비교 결과를 귀하가 숫자로 변환하여 이원비교행렬을 만들 것을 추천한다.

19. (1) 귀하가 등급화하기 어려우면 은행에 근무하는 선배를 섭외해보라. 개인신용대출 업무 경험이 있는 선배라면 더 좋을 것이다. 그리고 문제에서 주어진 계층구조의 하위기준을 등급화(예를 들어, 직업이라는 하위기준은 공무원, 자영업, 회사원, 무직 등으로 등급화) 하도록 요청해보라. 현업에서 개인신용대출을 위한 등급화 관행이 있을 것이다. 그런 후 왜 현업에서 그런 등급화를 이용하는지 질문해보라.

(2) 개인신용대출 전문가에게 문제에서 주어진 개인신용대출 심사를 위한 세 가지 기준의 중요도를 이원비교하도록 하여 세 가지 기준의 상대적 중요도(가중치)를 도출하고, 또 각 기준 등급들의 선호도를 이원비교하도록 하여 각 기준 하에서의 등급들의 상대적 선호도를 도출해보라. 여기서도 이원비교를 요청할 때 숫자로 평가하라고(numerical judgment) 요청하기보다는 말로 평가하도록(verbal judgment) 요청하라. 그리고 말로 평가된 전문가의 이원비교 결과를 귀하가 숫자로 변환하여 이원비교행렬을 만들고, 기준들의 상대적 중요도와 각 기준 등급들의 상대적 선호도를 도출해보라.

(3) 문제에서 10명의 개인신용대출 신청자의 속성값이 주어져 있다. AHP의 절대적 측정방법을 이용하여 10명의 신용점수를 산출하라. 그리고 대출 허가 점수(cut-off score)를 설정하여 10명의 대출신청자 중 누구에게 신용대출을 허락할지 결정하라.

스마트
경영과학

PART
V

불확실성 하에서의 의사결정

CHAPTER 13

의사결정분석

익힘문제

1. 전확률정리(Theorem of Total Probability)에 의해 미래시점에 매출이 증가할 확률을 구하면,
$(0.9) \times (0.3) + (1-0.6) \times (1-0.3) = 0.55$

2. 베이즈정리를 이용해 해당 확률을 구하면,
$$\frac{0.8 \times (0.7)}{0.8 \times (0.7) + 0.1 \times (0.3)} = 0.95$$

3. ① F. 의사결정기준으로서 맥시민 기준(maximin criterion)은 보수적인 성향의 의사결정자에게 적합한 기준이다.
② T
③ T
④ T
⑤ 어떤 확률적 대안의 위험이 크면 클수록(more risky) 이 대안의 확실성등가(certainty equivalent)는 ~~커진다~~(→ 작아진다).
⑥ T
⑦ 어떤 확률적 대안에 대한 의사결정자의 위험 프리미엄(risk premium)이 음(−)의 값을 갖는다는 것은 이 의사결정자가 ~~위험회피적인(risk−averse)~~ → 위험추구적인(risk−seeking) 성향을 보이는 것을 의미한다.
⑧ T
⑨ T
⑩ 전망이론(prospect theory)에 따르면 선택이 가져올 미래의 결과가 준거점(reference point)보다 손실이 된다고 생각하면 보통 사람들은 ~~위험회피적~~(→ 위험추구적)이 된다.

4. ③ 위험허용량이 작으면 작을수록 ~~덜~~(→ 더) 위험회피적이라고 할 수 있다.

⑥ 이 효용함수의 위험회피정도를 Pratt의 'measure of absolute risk aversion'으로 측정했을 때, 위험회피정도는 ~~x가 커질수록 감소한다~~(→ x의 크기와는 관계없이 상수 $\frac{1}{R}$로 일정하다).

5. (1) D_3을 선택

	E_1	E_2	E_3	max
D_1	10	10	10	10
D_2	−10	20	40	40
D_3	−30	30	70	70*

maximax → D_3

(2) D_2를 선택

후회표(regret table)

	E_1	E_2	E_3	maximum regret
D_1	0	20	60	60
D_2	20	10	30	30*
D_3	40	0	0	40

minimax regret → D_2

(3) D_3을 선택

	E_1	E_2	E_3	기대후회 (expected regret)
D_1	0	20	60	22
D_2	20	10	30	21
D_3	40	0	0	20*
확률	0.5	0.2	0.3	

기대후회를 최소화하는 대안 → D_3

(4)

	E_1	E_2	E_3	기대후회 (expected regret)
D_1	0	20	60	$20p+30-30p=30-10p$
D_2	20	10	30	$10-10p+10p+15-15p=25-15p$
D_3	40	0	0	$20-20p$
확률	$(1-p)/2$	p	$(1-p)/2$	

$30-10p=20-20p \rightarrow p=-1 \rightarrow D_1$과 D_3를 무차별하게 만드는 p는 존재하지 않는다. 즉, E_1, E_2, E_3의 발생 가능성이 문제에서 주어진 조건과 같을 때 $p(0<p<1)$의 값과 관계없이 D_3는 기대후회 최소화 기준에서 D_1을 지배한다.

(5) 기대후회란 기대화폐가치의 반대 개념이다. 따라서 기대후회를 최소화하는 대안은 기대화폐가치를 최대화하는 대안과 항상 동일하다. 예를 들어, 다음 표는 기대화폐가치를 최대화하는 대안이 무엇인지를 보여주는 표이다.

	E_1	E_2	E_3	기대화폐가치 (EMV)
D_1	10	10	10	10
D_2	–10	20	40	11
D_3	–30	30	70	12*
	0.5	0.2	0.3	

기대화폐가치를 최대화 하는 대안 $\rightarrow D_3$

주) 각 대안의 기대후회와 기대화폐가치의 합은 32로 동일하게 나타나므로 기대화폐가치의 최대화는 기대후회의 최소화를 의미한다.

(6) 데이터–테이블 기능을 이용해 기대화폐가치 관점에서 p의 변화에 따른 최적 대안의 변화 추이를 구하면 다음 표와 같다.

p	EMV_1	EMV_2	EMV_3	최적대안
	10	12	14	
0	10	40	70*	D_3
0.05	10	36.5	63*	D_3
0.1	10	33	56*	D_3
0.15	10	29.5	49*	D_3
0.2	10	26	42*	D_3
0.25	10	22.5	35*	D_3
0.3	10	19	28*	D_3
0.35	10	15.5	21*	D_3
0.4	10	12	14*	D_3
0.45	10*	8.5	7	D_1
0.5	10*	5	0	D_1

p가 0.5에 가까워짐에 따라(즉, E_3의 발생 가능성이 희박해짐에 따라) 기대화폐가치 기준에서 최적 대안은 가장 안전한 대안인 D_1로 바뀜을 알 수 있다. 그 전까지의 최적 대안은 가장 위험한 대안인 D_3임을 알 수 있다.

(7) 모든 미래 상황의 발생 가능성의 합(확률의 합)은 '1'이라는 확률의 공리하에서 p가 0.5를 초과하면 E_3의 발생 가능성은 음수가 된다. 이는 모든 사건의 확률이 0과 1 사이의 값이어야 한다는 확률의 기본 공리에 어긋난다.

6. A사는 판매가를 8(천원)으로 책정하는 것이 기대화폐가치를 400(천원)으로 최대화 할 수 있다.

주) 의사결정나무 또는 데이터-테이블 기능을 이용해 대안을 비교할 수 있다.

7. (1) EVSI = 18 - 4 = 14(억원), 즉 시장조사비용이 14(억원)이 안 될 때는 시장조사를 착수하는 것이 기대화폐가치 관점에서 타당하다.

(2) EVPI를 구하는 문제이다. EVPI = 28 - 4 = 24(억원)

(3) 시장조사를 한다. 그리고 시장조사 결과가 호의적일 경우나 보통일 경우에는 새로운 휴대폰을 출시하고, 시장조사 결과가 부정적일 경우에는 새로운 휴대폰의 시장 출시를 포기한다. 이러한 전략을 실행할 경우, 삼송전자(주)의 기대화폐가치는 23.9945(억원), 즉 23억9,945만원이 된다.

8. $P(\text{저조})=P$, $P(\text{호황})=\frac{1}{5}P$, $P(\text{보합})=\frac{1}{3}P$, $P(\text{불황})=\frac{1}{2}P$

$$P+\frac{1}{5}P+\frac{1}{3}P+\frac{1}{2}P=1 \rightarrow P=\frac{30}{61}$$

따라서 $P(\text{호황})=\frac{6}{61}$, $P(\text{보합})=\frac{10}{61}$, $P(\text{저조})=\frac{30}{61}$, $P(\text{불황})=\frac{15}{61}$

9. 등가법칙이란 예상결과 B를 확실하게 얻는 것과 A라는 예상결과를 확률 p로 얻고 예상결과 C를 확률 $(1-p)$로 얻을 수 있는 확률적 거래를 무차별하게 만드는 확률 p의 값을 구체화하는 것을 말한다. 확률 p는 0과 1을 포함하지 않는 어떤 실수도 가능하다. 의사결정자가 위의 확실한 거래와 확률적 거래를 동일하게 만드는 p를 발견했다면, 이 p를 선호확률(preference probability)이라고 한다. 그리고 등가법칙에 의해 찾은 선호확률 p에 대하여, 예상결과 B를 예상결과 A와 C로 이루어진 확률적 거래의 확실성등가(certainty equivalent)라고 부른다.

10. S: 프로그램이 성공한 사건

A: 자문결과가 성공을 예측한 사건

문제에서 주어진 사건의 확률

$P(S)=0.25 \rightarrow P(\overline{S})=0.75$

$P(A\mid S)=0.9 \rightarrow P(\overline{A}\mid S)=0.1$

$P(A\mid \overline{S})=0.2 \rightarrow P(\overline{A}\mid \overline{S})=0.8$

(1) $P(S|\overline{A}) = \dfrac{P(\overline{A} \cap S)}{P(\overline{A})}$

$$= \frac{P(\overline{A}|S)P(S)}{P(\overline{A}|S)P(S) + P(\overline{A}|\overline{S})P(\overline{S})}$$

$$= \frac{0.1(0.25)}{0.1(0.25) + 0.8(0.75)}$$

$$= \frac{0.025}{0.625}$$

$$= 0.04$$

(2) 최적 전략은 의사결정나무에서 TRUE로 기재된 가지를 따라가면 된다. 즉, 조사기관에 자문을 의뢰하고 자문결과가 성공(Hit)을 예측한 경우 프로그램을 방영하고, 자문결과가 실패(Flop)를 예측한 경우 프로그램을 방영하지 않는 것이 최적 전략이다. 이때의 EMV=1.4(억원)이다.

(3)

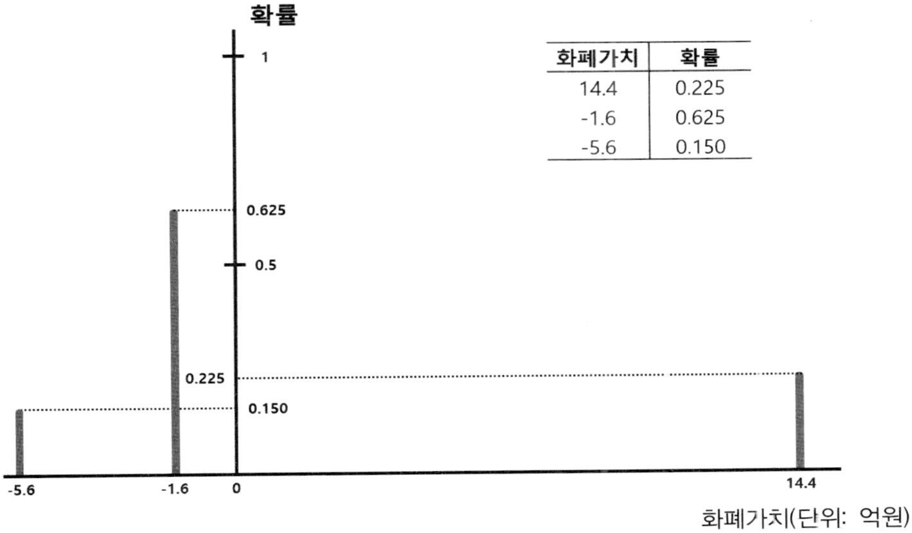

화폐가치	확률
14.4	0.225
-1.6	0.625
-5.6	0.150

(4) EVSI = EMV with free sample information

− EMV without sample information

= (1.4 + 1.6) − 1 = 2(억원)

(5) 우선 'EMV with free perfect information'을 PrecisionTree를 이용해 계산한 결과는 다음과 같다.

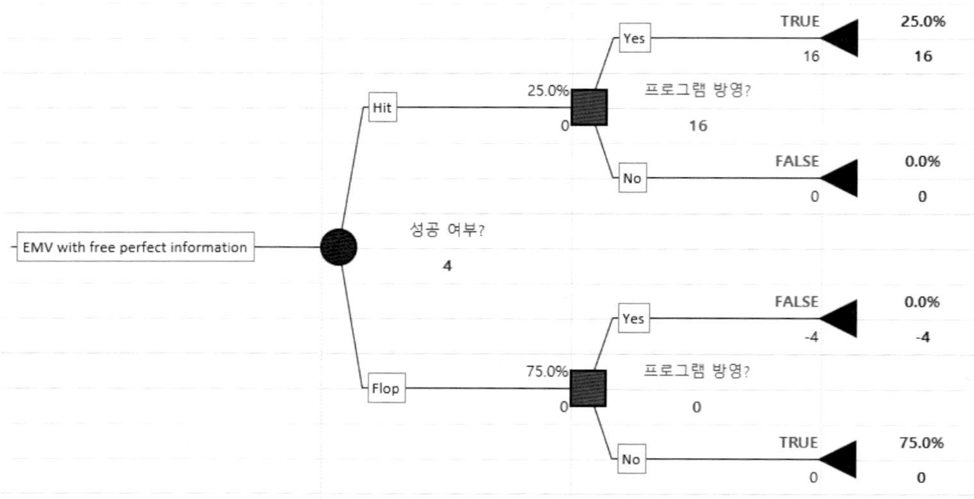

따라서 EVPI = EMV with free perfect information

− EMV without perfect information

= 4 − 1 = 3(억원)

(6) $0.225(1-e^{-\frac{14.4}{20}})+0.625(1-e^{-\frac{(-1.6)}{20}})+0.15(1-e^{-\frac{(-5.6)}{20}}) = 0.01496$

주) $0.375(1-e^{-\frac{6.4}{20}})+0.625(1-e^{-\frac{(-1.6)}{20}})$는 잘못된 계산식임에 유의하라.

(7) 확실성등가 = $-20\times\ln(0.98504)$ = 0.301461(억원)

위험 프리미엄 = 기대화폐가치 − 확실성등가

= 1.4 − 0.301461 = 1.098539(억원)

11. S: 치료제가 시장에서 성공인 사건

T: 시험결과가 긍정적인 사건

문제에서 주어진 확률

$P(S) = 0.65 \rightarrow P(\overline{S}) = 0.35$

$P(T) = 0.7 \rightarrow P(\overline{T}) = 0.3$

$P(S|T) = 0.8 \rightarrow P(\overline{S}|T) = 0.2$

$P(S|\overline{T}) = 0.3 \rightarrow P(\overline{S}|\overline{T}) = 0.7$

(1) $P(S) = P(S \cap T) + P(S \cap \overline{T})$

$$= P(S|T)P(T) + P(S|\overline{T})P(\overline{T})$$
$$= 0.8(0.7) + 0.3(0.3)$$
$$= 0.56 + 0.09$$
$$= 0.65$$

(2)

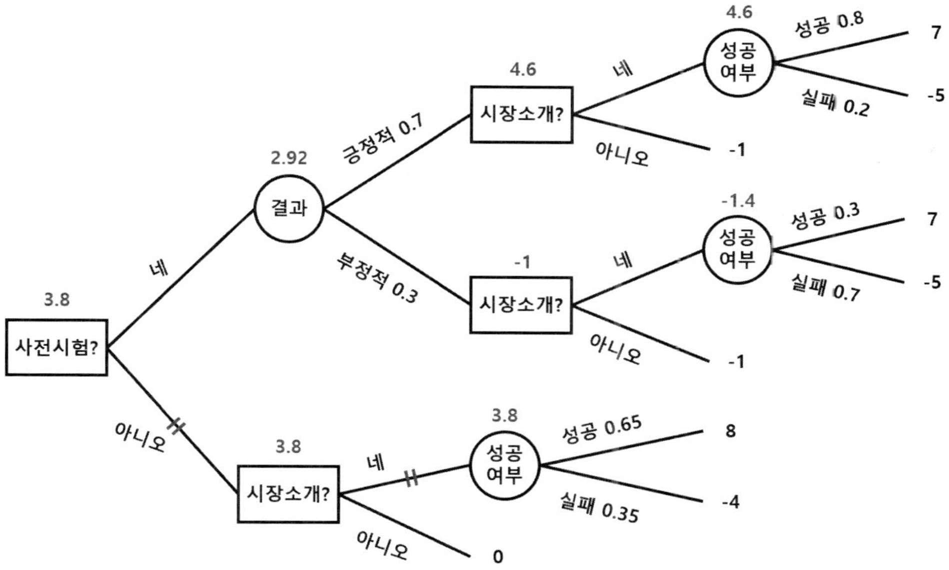

최적 전략은 사전시험을 하지 않고 새로운 치료제를 시장에 소개하는 것이다. 이때의 기대이익은 3.8(억원)이다.

(3) EMV with free perfect information의 계산

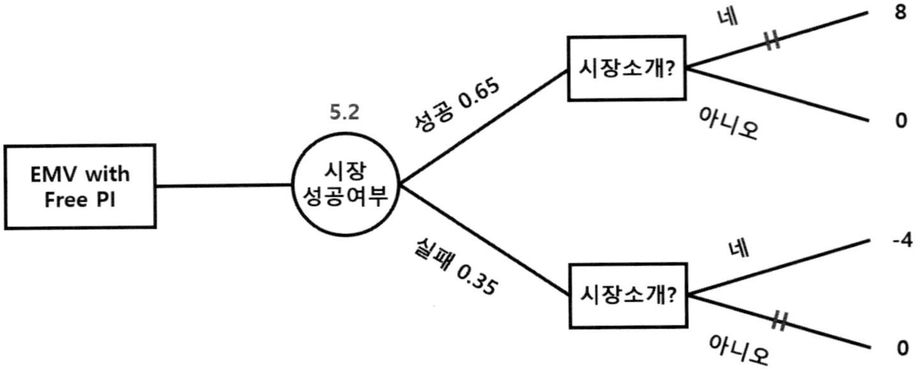

따라서 EVPI = EMV with free perfect information − EMV without perfect information
= 5.2 − 3.8
= 1.4(억원)

12. (1) 신용불량 여부를 '불량'과 '우량'의 두 사건으로 나누고, 신용조사 결과를 '긍정적'과 '부정적'의 두 사건으로 나누면 문제에서 주어진 사전확률과 우도는 다음과 같이 표기할 수 있다.

사전확률: P(불량)=0.08, P(우량)=0.92

우도: P(긍정적|불량)=0.15 → P(부정적|불량)=1−0.15=0.85
P(부정적|우량)=0.06 → P(긍정적|우량)=1−0.06=0.94

따라서 P(긍정적)=P(긍정적∩ 불량)+P(긍정적∩ 우량)
=P(긍정적|불량)P(불량)+P(긍정적|우량)P(우량)
=0.15(0.08)+0.94(0.92)
=0.8768

(2) 문항 (1)에서 P(긍정적)$=0.8768$ → P(부정적)$=0.1232$

따라서 $P(\text{우량}|\text{부정적}) = \dfrac{P(\text{부정적} \cap \text{우량})}{P(\text{부정적})} = \dfrac{P(\text{부정적}|\text{우량})P(\text{우량})}{P(\text{부정적})}$

$$= \frac{0.06(0.92)}{0.1232} = 0.448 = 44.8\%$$

(3) 구체적 수식은 파일을 참조(PrecisionTree가 설치되고 실행되어야 함)

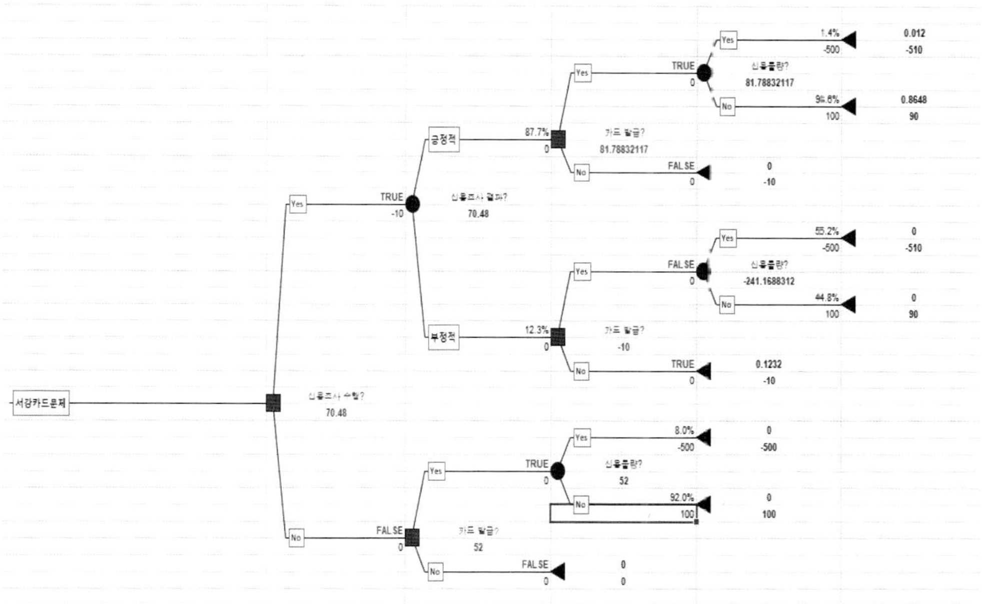

위 의사결정나무의 최적 의사결정 경로는 다음과 같다.

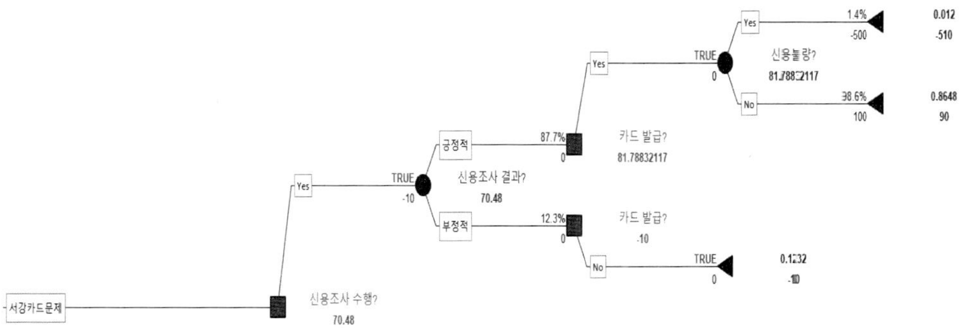

즉, 신용조사를 수행하고, 신용조사 결과가 긍정적이면 카드를 발급하고 신용조사 결과가 부정적이면 카드를 발급하지 않는 것이 최선이다. 이때의 기대화폐가치(EMV)는 70.48(만원)이다.

(4) EVSI = EMV with free sample information

− EMV without sample information

= (70.48+10) − 52

= 28.48(만원)

13. (1) 대한박스(주)는 가격을 10% 인상할 때 기대화폐가치를 최대화할 수 있다. 그때의 기대화폐가치는 230,230(천원)이다.

(2) $U(x) = 1 - e^{-\frac{x}{30000}}$

가격을 10% 인상하는 경우의 기대효용

$= 0.92\,U(250{,}250) + 0.08\,U(0) = 0.919781$

확실성등가 = −30,000×LN(0.080219) = 75,689.85(천원)

위험 프리미엄 = 기대화폐가치 - 확실성등가

= 230,230 - 75,689.85

= 154,540.15(천원)

14. (1) 의사결정나무

주) 이 문제에서 부품 개발을 진행하지 않으면 향후 입찰을 포함해 어떠한 조치도 취하지 않는다.

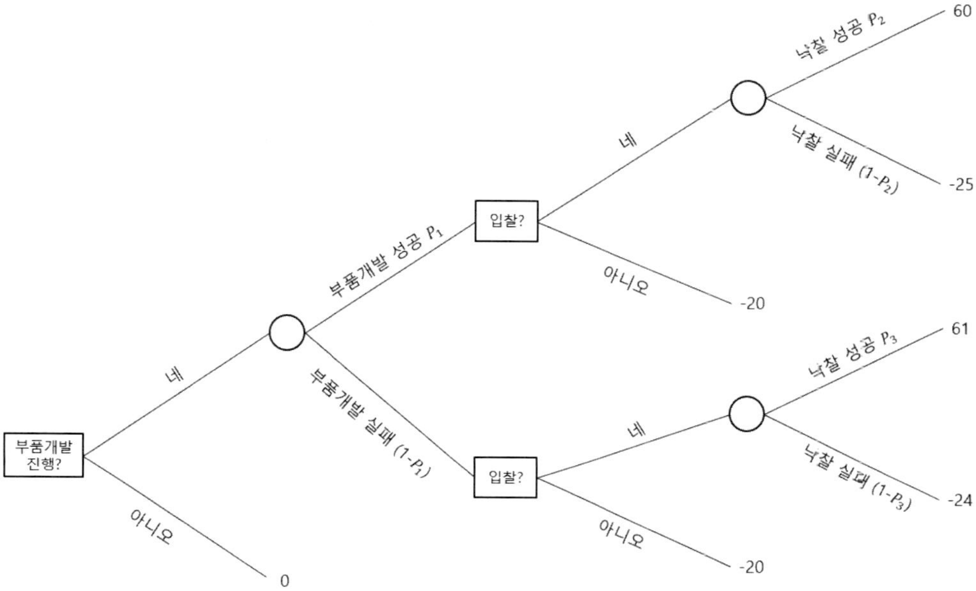

최적 의사결정 전략: 부품 개발을 진행한다. 그리고 부품이 제시간에 개발되든 그렇지 않든 상관없이 입찰에 참여한다. 이러한 전략을 실행하면 기대화폐가치는 7.9(만 달러), 즉 7만9천 달러가 된다.

(2) 부품 개발을 진행하지 않을 경우의 기대화폐가치는 '0'이므로, 부품 개발을 진행할 경우의 기대화폐가치를 '0'으로 만드는 p_1을 구한다. 즉, $p_1 \times 43 + (1 - p_1) \times (-15.5) = 0 \rightarrow p_1 = 0.265$

(3) p_2의 값이 현재의 0.8에서 1로 변경할 경우의 기대화폐가치의 증가분을 계산하면 된다. p_2의 값이 1일 때의 기대화폐가치는 14.7(만 달러)이므로 장사장의 부품개발이 성공적일 경우 올림픽조직위원회가 장사장에게 낙찰을 보장하는 것의 가치는 14.7−7.9=6.8(만 달러), 즉 6만8천 달러이다.

(4) 지수효용함수의 위험허용량(risk tolerance)이 96.3(만 달러), 즉 96만3천 달러 정도일 때 부품 개발을 계속 진행하는 것과 포기하는 것은 기대효용 관점에서 무차별하다.

15. (1) 엑셀파일 캡처화면(수식에 대한 구체적인 내용은 해당 파일에서 확인 가능)

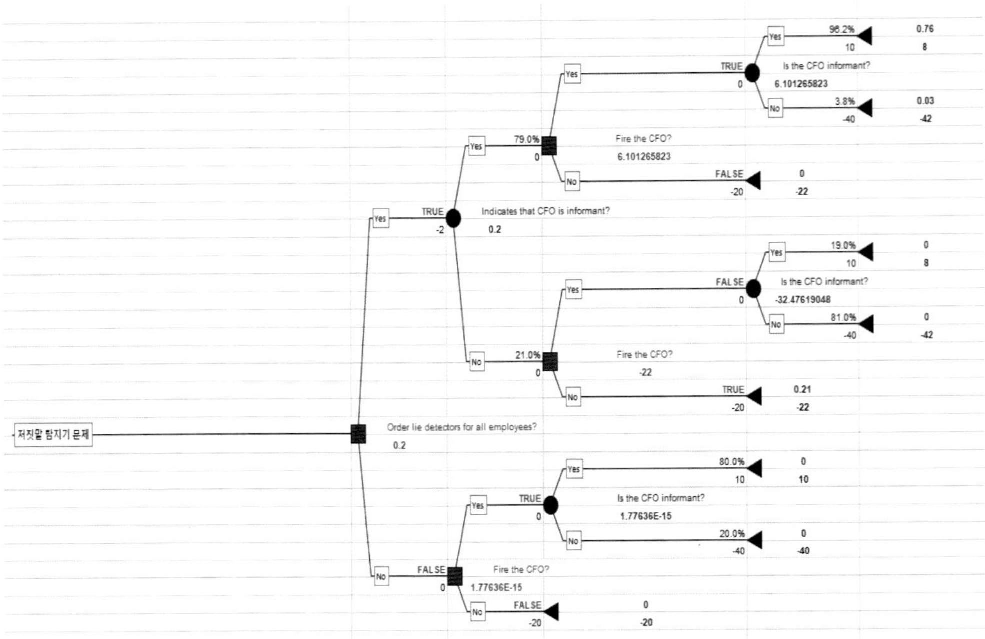

(2)

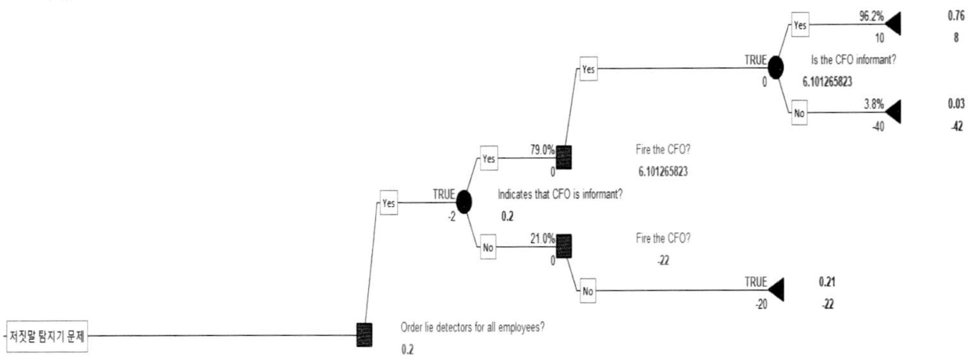

모든 직원을 대상으로 거짓말 탐지기 조사를 시행한다. 그리고 거짓말 탐지기 조사에서 CFO가 기밀유출자라는 결과가 나오면 CFO를 해고하고, CFO가 기밀유출자라는 결과가 나오지 않으면 CFO를 해고하지 않는다. 그때의 기대화폐가치는 0.2(억원), 즉 2,000만원이다.

(3) EVSI = (0.2+2)−0 = 2.2(억원)

(4) 엑셀파일 캡처화면(수식에 대한 구체적인 내용은 해당 파일에서 확인 가능)

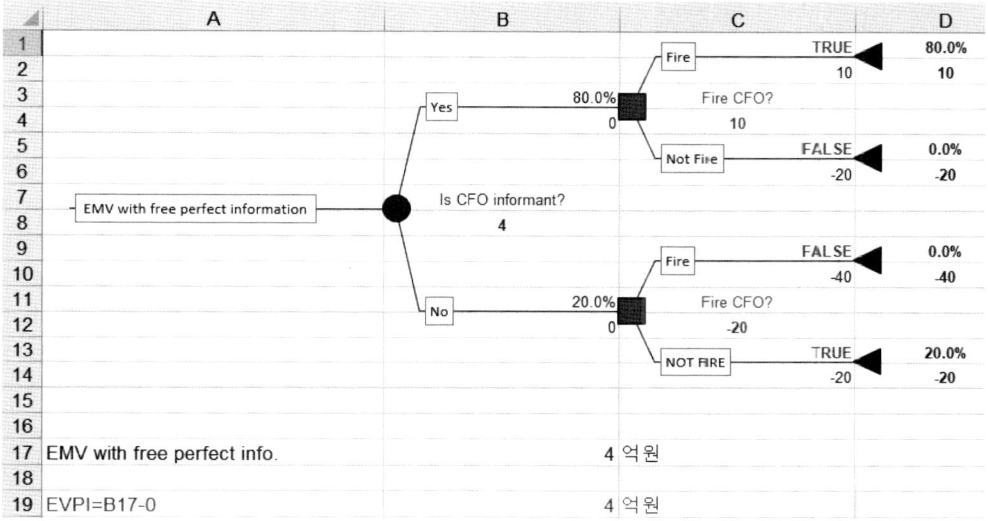

EVPI = 4 − 0 = 4(억원)

(5) ① 효용함수로 지수함수를 이용하고, 위험허용량을 15(억원)으로 설정했을 때의 최적 의사결정 경로는 다음 그림과 같다.

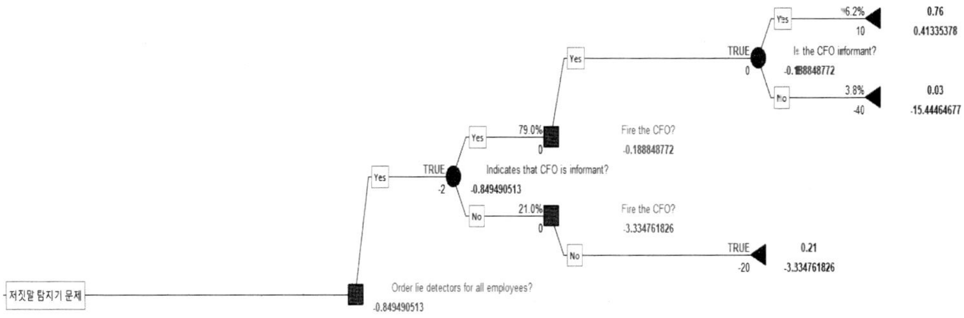

모든 직원을 대상으로 거짓말 탐지기 조사를 시행한다. 그리고 거짓말 탐지기 조사에서 CFO가 기밀유출자라는 결과가 나오면 CFO를 해고하고, CFO가 기밀유출자라는 결과가 나오지 않으면 CFO를 해고하지 않는다. 그 때의 기대효용은 −0.8495이다.

② 위험허용량에 대한 One-Way Sensitivity를 수행하여 Strategy Region 그래프와 데이터를 산출하면 다음과 같다.

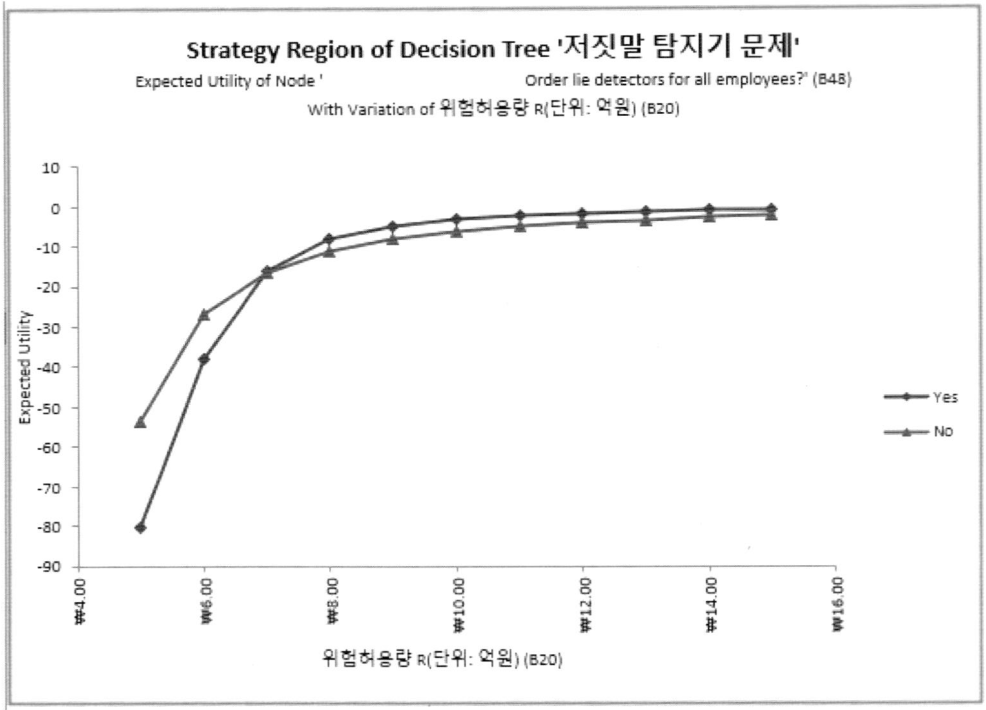

Strategy Region Data

	Input		Yes		No	
	Value	Change (%)	Value	Change (%)	Value	Change (%)
#1	₩5.00	-75.00%	-80.4508687	-20779.89%	-53.59815	-13810.64%
#2	₩6.00	-70.00%	-38.121284	-9793.84%	-27.0316249	-6915.68%
#3	₩7.00	-65.00%	-16.210927	-4107.32%	-16.4117081	-4159.43%
#4	₩8.00	-60.00%	-8.28152912	-2049.35%	-11.182494	-2802.26%
#5	₩9.00	-55.00%	-4.92279616	-1177.64%	-8.22781435	-2035.41%
#6	₩10.00	-50.00%	-3.23733278	-740.20%	-6.3890561	-1558.19%
#7	₩11.00	-45.00%	-2.28459385	-492.93%	-5.16064708	-1239.37%
#8	₩12.00	-40.00%	-1.69714777	-340.47%	-4.29449005	-1014.57%
#9	₩13.00	-35.00%	-1.31042273	-240.10%	-3.6574195	-849.23%
#10	₩14.00	-30.00%	-1.04259103	-170.59%	-2.87397494	-645.90%
#11	₩15.00	-25.00%	-0.84949051	-120.47%	-2.28911691	-494.11%

거짓말 탐지기 사용과 사용하지 않음을 무차별하게 하는 위험허용량의 크기는 약 7(억원)임을 알 수 있다. 더 정확한 수치를 찾기 위해서는 위험허용량의 범위를 좁혀(예를 들어, 6.5억원에서 7억원의 범위로 좁혀) 다시 One-Way Sensitivity를 수행한다.

③ 토네이도 분석을 수행한 결과는 다음 그래프 및 데이터와 같다.

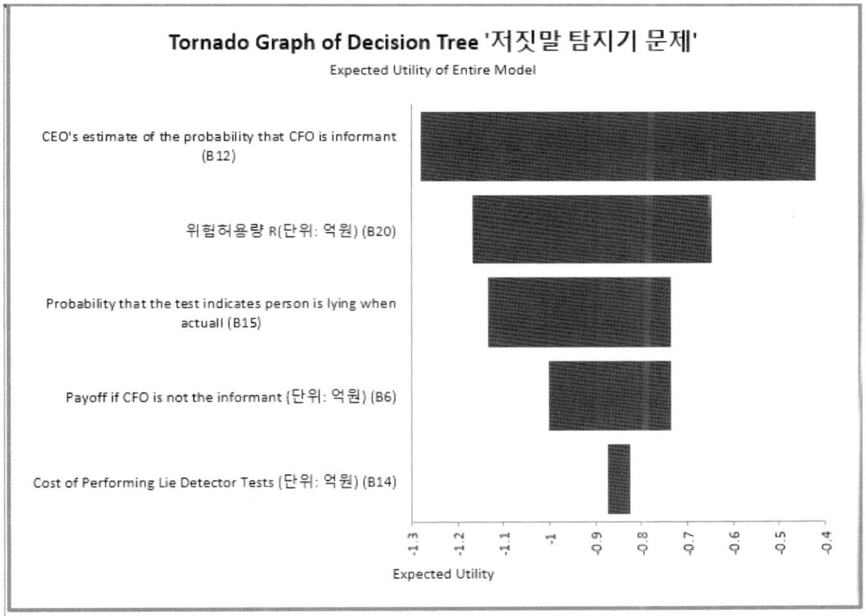

Tornado Graph Data

Decision Tree '저짓말 탐지기 문제' (Expected Utility of Entire Model)

			Minimum			Maximum		
			Output		Input	Output		Input
Rank	Input Name	Cell	Value	Change (%)	Value	Value	Change (%)	Value
1	CEO's estimate of the probability that CFO is informant (B12)	B12	-1.279665919	-50.64%	0.72	-0.419315108	50.64%	0.88
2	위험허용량 R(단위: 억원) (B20)	B20	-1.164993833	-37.14%	13.5	-0.647141685	23.82%	16.5
3	Probability that the test indicates person is lying when actuall (B15)	B15	-1.1343473	-33.53%	0.855	-0.735547799	13.41%	0.988
4	Payoff if CFO is not the informant (단위: 억원) (B6)	B6	-1.000257587	-17.75%	-44	-0.73401374	13.59%	-36
5	Cost of Performing Lie Detector Tests (단위: 억원) (B14)	B14	-0.874315519	-2.92%	2.2	-0.824994311	2.88%	1.8

토네이도 그래프를 보면 결과변수에 가장 큰 영향을 미치는 변수는 '최고경영자가 기밀유출자는 CFO라고 확신하고 있는 정도'이고, 가장 작은 영향을 미치

는 변수는 '모든 직원을 대상으로 거짓말 테스트를 하는 데 드는 비용'이다. 토네이도 그래프는 결과변수에 미치는 입력변수 각각의 영향력 순위는 제공하나 결과변수에 미치는 영향력의 방향은 알려주지 않는다.

결과변수에 미치는 입력변수 각각의 영향력의 정도와 함께 그 방향까지 알기 위해서는 스파이더 분석을 수행한다. 스파이더 분석 결과는 다음과 같다. 스파이더 그래프의 각 변수에 대한 직선의 기울기의 절대값 크기는 영향력 순서를 나타내고 기울기의 부호(+, −)는 결과변수에 양(+)의 방향으로 영향을 미치는지 음(−)의 방향으로 영향을 미치는지를 나타낸다.

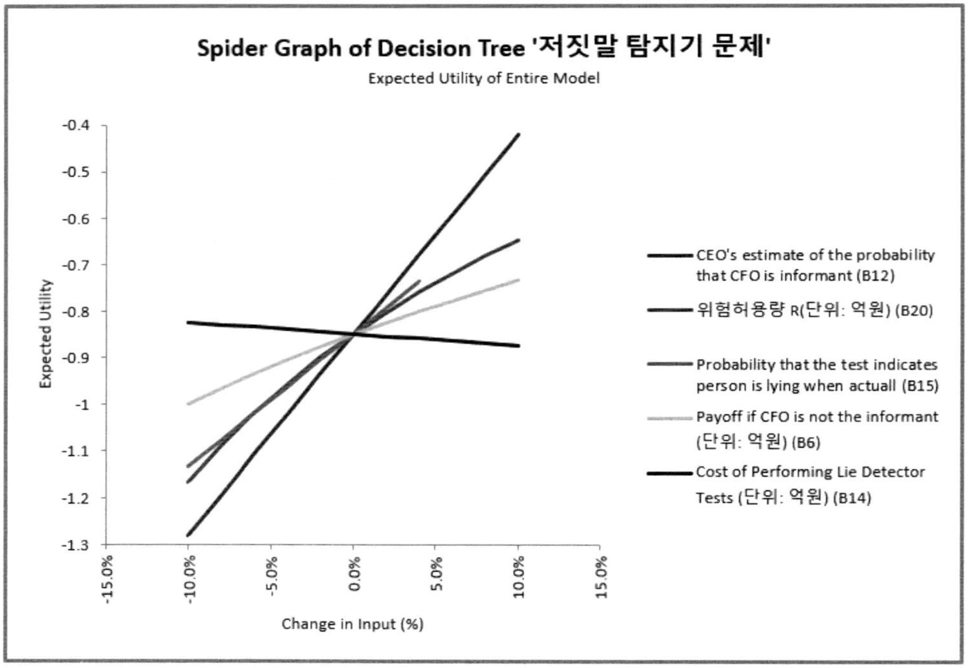

'모든 직원을 대상으로 거짓말 테스트를 하는 데 드는 비용'은 결과변수에 음(−)의 영향을 미치고, 나머지 4개의 입력변수는 모두 결과변수에 양(+)이 영향을 미침을 알 수 있다.

④ Two-Way Sensitivity를 수행하여 산출한 Strategy Region 결과는 다음과 같다.

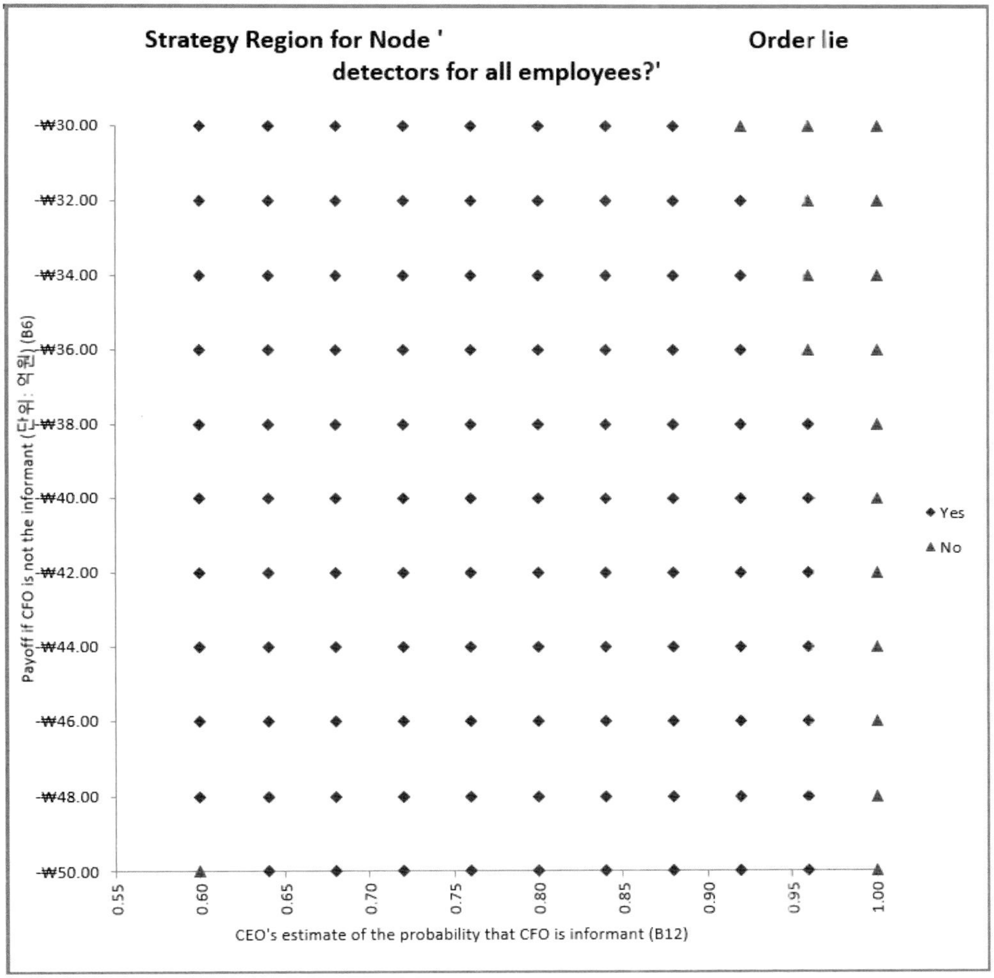

거짓말 탐지기 조사를 시행하지 않는 것이 추천되는 경우는 다음과 같다. (1) 최고경영자가 기밀유출자는 CFO라고 100% 확신하고, CFO를 해고하기로 하였으나 이 사람이 기밀유출자가 아닐 경우의 회사 손실액이 30억원과 50억원 사이일 경우, (2) 최고경영자가 기밀유출자는 CFO라고 95% 이상 확신하고, CFO를 해고하기로 하였으나 이 사람이 기밀유출자가 아닐 경우의 회사 손실액이 36억원 이하일 경우, (3) 최고경영자가 기밀유출자는 CFO라고 확신하는 정도가 60%로 낮고, CFO를 해고하기로 하였으나 이 사람이 기밀유출자가 아닐 경우의 회사 손실액이 50억원으로 클 때, 그리고 (4) 최고경영자가 기밀유

출자는 CFO라고 90% 이상 확신하고, CFO를 해고하기로 하였으나 이 사람이 기밀유출자가 아닐 경우의 회사 손실액이 30억원으로 작을 때는 거짓말 탐지기 조사를 수행하지 않는 것이 추천된다. 그 외의 경우는 두 변수의 증감분 내에서 거짓말 탐지기 조사를 시행하는 것이 추천된다.

(6) 다음 최적 의사결정 경로는 로그함수의 인자를 양수로 만들기 위한 상수 K=50(억원)으로 설정한 결과이다.

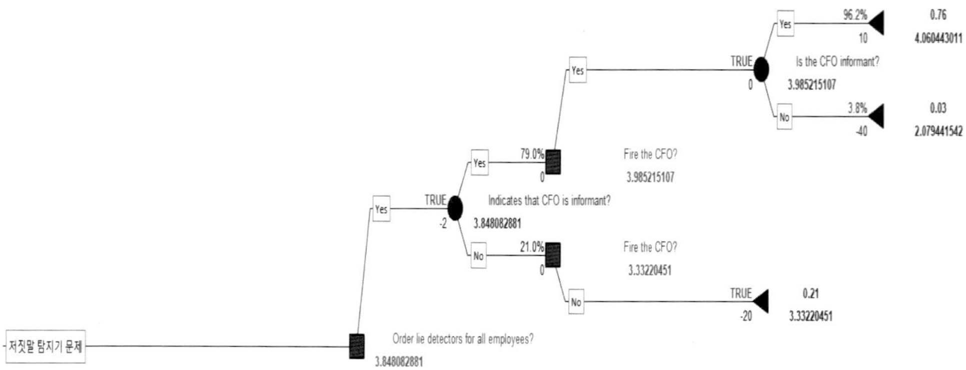

모든 직원을 대상으로 거짓말 탐지기 조사를 시행한다. 그리고 거짓말 탐지기 조사에서 CFO가 기밀유출자라는 결과가 나오면 CFO를 해고하고, CFO가 기밀유출자라는 결과가 나오지 않으면 CFO를 해고하지 않는다. 그때의 기대효용은 3.8481이다.

16. (1) 자신의 효용함수를 확률등가방법과 확실성등가방법을 이용해 만들어보자. 우선, 확률등가방법을 이용하기 위해서는 자신이 취할 수 있는 가장 선호하는 결과와 가장 선호하지 않는 결과가 무엇인지 정한다. 그리고 가장 선호하는 결과의 효용은 '1', 가장 선호하지 않는 결과의 효용은 '0'으로 설정한다. 그런 후 확률 p로 가장 선호하는 결과를 얻을 수 있고, 확률 $(1-p)$로 가장 선호하지 않는 결과를 얻을 수 있는 가상의 복권(lottery)을 만든다. 그러면 가장 선호하는 결과와 가장 선호하지 않는 결과 사이에 존재하는 특정 결과의 효용은 다음의 식으로 결정된다.

$$U(\text{특정 결과}) = p \cdot U(\text{가장 선호하는 결과}) + (1-p) \cdot U(\text{가장 선호하지 않는 결과})$$
$$= p(1)+(1-p)(0) = p$$

즉, 확률등가방법은 이성적 선택을 위한 다섯 가지 법칙 중 세 번째 법칙인 등가법칙(equivalence rule)에서 선호확률(preference probability)을 구하는 것과 동일하다. 위의 식에서 특정 결과의 효용인 p가 바로 선호확률이 된다. 이런 방법으로 원하는 여러 결과의 효용을 구한 후, 그래프로 효용함수를 나타낸다. 효용함수 그래프의 횡축은 결과, 종축은 해당 결과의 효용으로 설정하여 (결과, 효용)을 나타내는 그래프상의 여러 점을 선으로 이으면 효용함수를 만들 수 있다.

결국 확률등가방법은 선호확률을 이용해 효용함수를 도출하는 방법으로, 확률에 대한 개념이 없고 확률평가에 어려움을 느낄 때는 이용하기 어려운 방법이다. 따라서 이러한 불편함을 느낄 때는 대안으로 확실성등가방법을 이용하여 효용함수를 만들 수 있다.

확실성등가방법을 이용하기 위해서는 우선 가장 선호하는 결과(효용 1)를 얻을 가능성이 50%이고, 가장 선호하지 않은 결과(효용 0)를 얻을 가능성이 50%인 도박에 참여하는데 최대 얼마까지의 돈을 지불할지를 물어본다. 그러면 여기서 대답한 돈의 크기가 바로 위에서 언급한 50:50의 복권의 확실성등가(certainty equivalent)가 된다. 그러면 이 확실성등가의 효용은 0.5(1)+0.5(0)=0.5가 될 것이다. 이제 이 확실성등가(이것을 C라고 하자)는 새로운 가상도박의 예상결과로 다시 이용된다. 즉, 이 확실성등가 C를 이용하면 50%의 확률로 가장 선호하는 결과를 얻고, 50%의 확률로 C를 얻는 새로운 복권을 만들 수 있으며, 마찬가지 방법으로 이 복권에 대한 또 다른 확실성등가를 정할 수 있다. 이제 이 새로운 확실성등가의 효용은 0.5(1)+0.5(0.5)=0.75가 된다. 또한 앞의 확실성등가 C를 이용하면 다시 50%의 확률르 가장 선호하지 않는 결과를 얻고, 50%의 확률로 C를 얻는 새로운 복권을 만들 수 있다. 이제 이 복권에 대한 확실성등가도 마찬가지 방법으로 정할 수 있으며, 이 확실성등가의 효용은 0.5(0)+0.5(0.5)=0.25가 된다. 이와 같은 방법을 반복적으로 이용하면 새로운 확실성등가(결과)와 그 효용을 계속 구할 수 있으며, 결국 그래프에 (결과, 효용)을 나타내는 점들을 나타내고, 이들을 선으로 연결함으로써 효용함수를 그릴 수 있다.

확실성등가방법은 확률등가방법처럼 확률을 평가하도록 요구하지 않고, 50:50의 도박에 참여하는데 지불하고자 하는 금액(확실성등가)을 대답하도록 함으로써 효용함수를 도출할 수 있지만, 처음 대답한 확실성등가의 앵커링 효과(anchoring effect)로 인한 연쇄반응(chaining), 그리고 소유효과(endowment effect)로 인해 질문을 달리함으로써 효용함수가 달라질 수 있는 문제점도 갖는다. 소유효과의 경우, 가상의 도박에 참여하고자 할 때 그 참가비용을 얼마나 지불하겠느냐고 묻지 않고, 가상의 도박에 참여할 수 있는 권리를 현재 내가 갖고 있는데, 그 권리를 얼마면 팔겠냐고 질문을 하게 되면 그 대답은 달라지기 마련이다. 후자의 대답이 전자의 대답보다 크게 나오는 것이 일반적이다. 인간은 동일한 것이라 할지라도 자신이 가진 것을 내놓을 때는 그것의 객관적 가치에 자신의 애착까지 더해져 동일한 것을 살 때보다 높은 가격을 부르게 된다.

(2) 확률등가방법과 확실성등가방법은 동일한 상황에 대해서도 서로 다른 효용함수를 도출한다. 실험결과에 따르면 일반적으로 확률등가방법이 확실성등가방법보다 더 위험회피적인 효용함수를 만든다고 알려져 있으나 이는 반드시 성립하는 것은 아니다. 두 가지 방법으로 만든 여러분의 효용함수는 어떠한지 두 효용함수 그래프를 비교해 평가하라.

17. (1) $U(x) = \text{SQRT}(x) = \sqrt{x}$

$$ARA(x) = -\frac{U''(x)}{U'(x)}$$

$$= -\frac{-\frac{1}{4}x^{-\frac{3}{2}}}{\frac{1}{2}x^{-\frac{1}{2}}}$$

$$= \frac{1}{2x}$$

$U(x) = \ln(x)$

$$ARA(x) = -\frac{U''(x)}{U'(x)}$$

$$= -\frac{-\frac{1}{x^2}}{\frac{1}{x}} = \frac{1}{x}$$

$\rightarrow \frac{1}{2x} < \frac{1}{x} \ (x > 0)$

따라서 $U(x) = \ln(x)$가 더 위험회피적이다.

(2) $U(x) = 10 + 20x - 10x^2$

$U'(x) = 20 - 20x$

$U''(x) = -20$

$$ARA(x) = -\frac{-20}{20(1-x)} = \frac{1}{1-x}$$

$$ARA'(x) = \frac{1}{(1-x)^2} > 0$$

→ 자산의 크기(x)가 커짐에 따라 더 위험회피적이 된다. 이 결과는 이 효용함수가 대부분 인간의 위험에 대한 태도를 잘 반영하지 않음을 나타낸다.

CHAPTER 14

몬테칼로 시뮬레이션

익힘문제

1. ④, 사건이란 시스템의 상태를 변화시킬 수 있는 순간적인 행위(an instantaneous occurrence that can change the state of the system)이다.

2. ①, 모형의 정의에서 '허용가능하다'는 말은 현실근접성(fidelity)과 관련된 개념이다.

3. ⑤, 보기 ①, ②, ③, ④ 모두 옳은 설명을 담고 있다.

4. ①, 해석적 방법은 규범적인 접근방식(normative approach)을 의미한다.

5. ①, ③, 난수의 일양성과 독립성 특성에 관한 질문이다. 보기 ②의 경우, 난수의 값이 0.7일 경우, 다음에 발생한 난수가 0.7보다 큰 값을 가질 확률은 30%이고, 0.7보다 작은 값을 가질 확률은 70%이다. 따라서 보기 ②의 기술은 옳지 않다. 보기 ④의 경우, 난수를 0부터 99 사이의 100개의 정수로 변환하였을 때[변환 방법: (0,1) 난수에 100을 곱하면 (0,100) 난수를 얻게 되는데, 여기서 소수점 이하를 절사하면 0에서 99까지의 100개의 난수를 얻게 됨], 난수의 값이 짝수일 경우 다음에 발생할 난수가 홀수의 값을 가질 가능성은 50%이다. 따라서 보기 ④의 기술은 옳지 않다. 보기 ⑤의 경우, 난수의 값이 0.3일 경우, 다음에 발생할 난수가 0.3보다 큰 값을 가질 확률은 70%이다. 따라서 보기 ⑤의 기술은 옳지 않다.

6. ④, (300, 500) 일양분포의 누적분포함수 $F(x)=(x-300)/(500-300)$이므로 역변환 방법을 이용해 $F(x)=R$로 놓고 확률변수 값(부동산 매매가) 발생기를 구하면 $x=300+200R$이다.

7. (1) 200

   (2) 45

   (3) 400

   (4) 7.8

8. ① 옳다

   ② 옳다

   ③ 시뮬레이션 모형의 타당성 확인(validation)이란 ~~모형의 논리적 오류(logical errors)를 찾아 수정하는 단계이다.~~(→ 시뮬레이션 모형이 현실 시스템의 행태를 제대로 복제하는지를 확인하는 단계이다.)

   ④ 옳다(참고로 $A+(B-A)R$도 마찬가지로 옳은 식이다.)

9.

연도	난수	사고 건수	보험료	난수	건당 손해액	강기수 부담	보험사 부담	보험사 이익
1차 연도	0.34	1	60	0.17	40	40	0	60
2차 연도	0.61	2	60	0.94 0.28	150 40	50 40	100 0	−40
3차 연도	0.91	3	66	0.34 0.92 0.09	80 150 40	50 50 40	30 100 0	−64
평균						90	76.7	−14.7

10.

(단위: 만원)

통화	난수	승낙여부	헌금액수 (난수)	비용	이윤
1	0.524	X	0	0.1	−0.1
2	0.426	X	0	0.1	−0.1
3	0.160	O	6 (0.972)	2.1	3.9
4	0.496	X	0	0.1	−0.1
5	0.172	O	1 (0.416)	0.1	0.9

평균이윤 $= \frac{4.5}{5} = 0.9$(만원) $= 9$(천원)

11. (1) 구입량 = 20kg

판매가 = 4만원/kg

실판매량 = MIN(판매량,구입량)

재고판매량 = MAX(0,구입량−판매량)

(단위: 만원)

반복활동	난수	실판매량	횟감판매 수입	구입비	운영비	이윤
1	0.132	10kg	40 10(재고판매)	40	12	−2
2	0.980	30kg → 20kg	80	40	24	16
3	0.306	15kg	60 5(재고판매)	40	18	7
4	0.658	20kg	80	40	24	16
5	0.472	20kg	80	40	24	16

평균이윤 = $\frac{53}{5}$ = 10.6(만원) = 10만6천원

(2) 100회 반복활동을 수행한 결과, 구입량이 20kg일 때 평균이윤(표본평균)이 가장 높았다. 하지만 주문량이 15kg일 경우가 표준편차는 더 낮아 두 구입량의 기대이윤 차이에 대한 99% 신뢰구간을 구하였다. 그 결과, 1% 유의수준에서 구입량 20kg일 때의 기대이윤이 구입량 15kg일 때의 기대이윤보다 크다고 말할 수 있다. 따라서 기대이윤 관점에서 최적 구입량은 20kg이다.

− 구입량별 평균이윤 및 표준편차 비교

구입량(kg)	평균이윤(만원)	표준편차(만원)
10	7.9	0.3
15	11.1	2.4
20	12.5	5.5
25	10.3	7.9
30	6.0	9.0
35	1.1	9.1

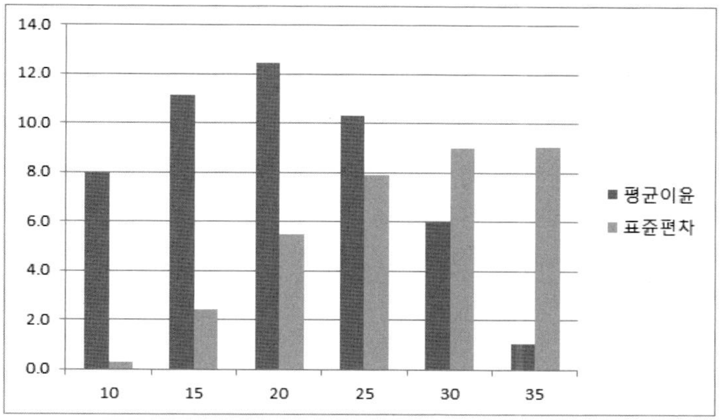

- 구입량 15kg과 20kg 비교

	구입량(kg)		차이자료 (구입량20 - 구입량15, 만원)
	15	20	
이윤 1	2.0	−3.0	−5.0
이윤 2	12.0	16.0	4.0
이윤 3	12.0	16.0	4.0
≀	≀	≀	≀
이윤 96	12.0	16.0	4.0
이윤 97	12.0	14.0	2.0
이윤 98	12.0	16.0	4.0
이윤 99	2.6	−2.4	−5.0
이윤 100	3.5	−1.5	−5.0

→ 차이 평균 = 1.3(만원), 표준편차 = 3.6(만원)

→ 99% 신뢰구간의 하한값(0.37)과 상한값(2.27)이 모두 양수이므로 유의수준 1%로 구입량이 20kg일 때의 기대이윤이 더 높다고 말할 수 있다.

12. (1) S = NORM.INV(RAND(),300,20)

(2) 수입: = 100*S + 30*MAX(0,Q−S)

비용: = 60*Q + 80*MAX(S−Q,0)

이윤: = 100*S + 30*MAX(0,Q−S) − 60*Q − 80*MAX(S−Q,0)

(3) 100회 반복활동을 수행한 결과, 주문량이 300벌일 때의 평균이윤(표본평균)이 가장 높았다. 하지만 주문량이 280벌일 경우 평균이윤은 주문량이 300벌일 때보다 조금 낮았으나 표준편차 또한 작았다. 따라서 두 주문량의 기대이윤 차이에 대한 95% 신뢰구간을 구하였다. 그 결과, 주문량이 300벌일 때의 기대이윤이 주문량이 280벌일 때의 기대이윤보다 크다고 5% 유의수준에서 말할 수 있다. 따라서 기대이윤 관점에서 최적 주문량은 300벌이다.

– 주문량별 평균이윤 및 표준편차 비교

주문량(벌)	평균이윤(천원)	표준편차(천원)
240	10811	423
260	11195	473
280	11532	637
300	11622	959
320	11323	1267
340	10811	1416
360	10238	1481

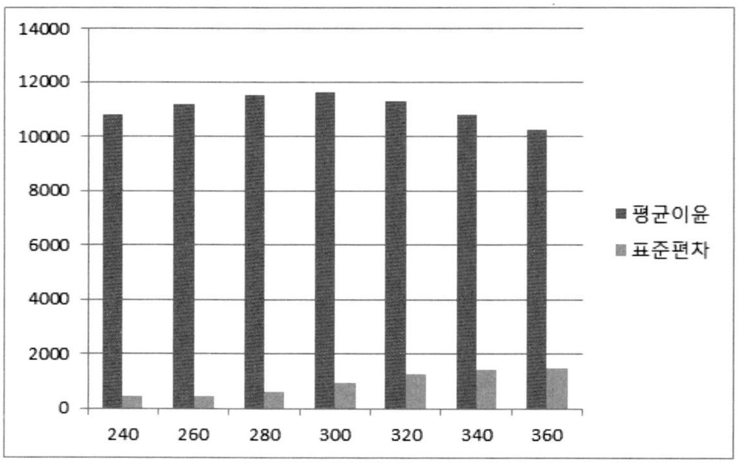

- 주문량 280벌과 300벌 비교

	주문량(벌)		차이자료 (주문량300 - 주문량280, 천원)
	280	300	
이윤 1	12387	12787	400
이윤 2	11667	12067	400
이윤 3	11845	12245	400
≀	≀	≀	≀
이윤 97	11277	10868	−408
이윤 98	11088	10488	−600
이윤 99	11699	12099	400
이윤 100	11352	11132	−220

→ 차이 평균 = 90(천원), 표준편차 = 377(천원)

→ 95% 신뢰구간의 하한값(15.5)과 상한값(165.2)이 모두 양수이드로 유의수준 5%로 주문량이 300벌일 때가 주문량이 280벌일 때보다 기대이윤이 높다고 말할 수 있다.

13. (1) D=ROUND(NORM.INV(RAND(),400,100), 0)

(2) =100*MIN(Q,D)−50*MIN(Q,D)−10*MAX(Q−D,0)

14. B: =BINOM.INV(B11,B9,RAND())

C: =B4*B14

D: =B8*MAX(B14−B5,0)

E: =B7*MIN(B5,B14)

F: =B15−(B16+B17+B18)

주) 이 문제에서 변동비용(E)은 실제로 탑승한 승객을 기준으로 산출하였다. 만일 예약하고 공항에 나타나 항공권 결제를 마친 고객에게 변동비용이 적용됨을 가정하면 변동비용(E)에는 =B7*B14를 입력한다.

15. 엑셀파일 캡처화면(수식에 대한 구체적인 내용은 해당 파일에서 확인 가능)

	A	B	C	D	E	F	G	H
1	**CH14-15 (한국빅데이터학회 방예약 문제)**							
2								
3	**자료**							
4	(단위: 만원)			**참가인원 분포(정규분포)**				
5	예약단가	₩5		평균	500			
6	추가예약단가	₩8		표준편차	100			
7								
8	**의사결정**							
9	예약 방의 수	200						
10								
11	**시뮬레이션**							
12	반복활동	난수	참석자 수	예약비용	추가예약비용	총비용		
13	1	0.135279	389.822	₩1,000	₩1,518.58	₩2,518.58		
14	2	0.528694	507.199	₩1,000	₩2,457.59	₩3,457.59		
15	3	0.708199	554.813	₩1,000	₩2,838.50	₩3,838.50		
208	196	0.489927	497.475	₩1,000	₩2,379.80	₩3,379.80		
209	197	0.686873	548.701	₩1,000	₩2,789.60	₩3,789.60		
210	198	0.303956	448.694	₩1,000	₩1,989.56	₩2,989.56		
211	199	0.448087	486.95	₩1,000	₩2,295.60	₩3,295.60		
212	200	0.606043	526.902	₩1,000	₩2,615.22	₩3,615.22		
213								
214					평균비용	₩3,406		
215					포준편차	₩860		
216								
217	**대안비교**							
218	예약 방의 수	평균	표준편차					
219		₩3,406	₩860					
220	200	₩3,406	₩860					
221	250	₩3,256	₩860					
222	300	₩3,109	₩853					
223	350	₩2,978	₩822					
224	400	₩2,877	₩758					
225	450	₩2,831	₩652					
226	500	₩2,851	₩521					
227	550	₩2,946	₩376					
228	600	₩3,092	₩242					
229	650	₩3,284	₩135					
230	700	₩3,509	₩62					
231	750	₩3,752	₩20					
232	800	₩4,000	₩0					
233								
234								
235	위의 결과는 난수를 고정하여 대안들의 성과를 비교한 결과이다.							
236	예약 방의 수가 400에서 500 사이에서 평균비용이 최소화 됨을 알 수 있다.							
237	따라서 이 범위내에서 대안을 세분화하여 성과를 비교한 결과는 다음 워크시트(대안세분화)에 정리하였다.							

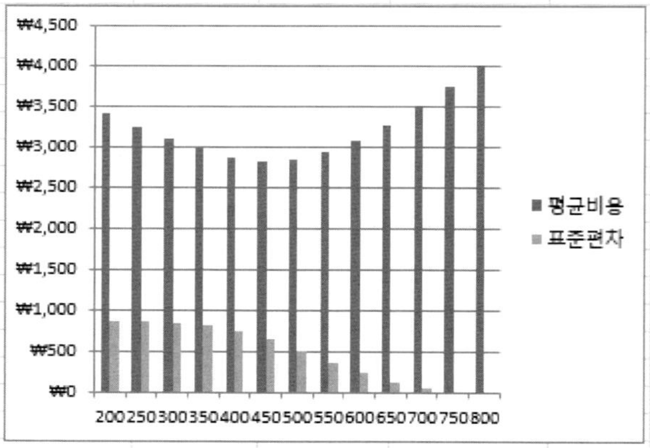

위의 결과는 난수를 고정하여 대안들의 성과를 비교한 결과이다. 예약 방의 수가 400에서 500 사이에서 평균비용이 최소화됨을 알 수 있다. 따라서 이 범위 내에서 대안을 세분화하여 성과를 비교한 결과는 다음 워크시트(대안 세분화)에 정리하였다.

– 대안 세분화 캡처화면(수식에 대한 구체적인 내용은 파일에서 확인 가능)

217	**대안비교**		
218	예약 방의 수	평균	표준편차
219		₩3,406	₩860
220	400	₩2,877	₩758
221	405	₩2,869	₩749
222	410	₩2,863	₩740
223	415	₩2,857	₩730
224	420	₩2,851	₩720
225	425	₩2,846	₩710
226	430	₩2,842	₩699
227	435	₩2,838	₩688
228	440	₩2,835	₩676
229	445	₩2,833	₩664
230	450	₩2,831	₩652
231	455	₩2,830	₩640
232	460	₩2,830	₩628
233	465	₩2,830	₩615
234	470	₩2,830	₩602
235	475	₩2,832	₩589
236	480	₩2,834	₩576
237	485	₩2,837	₩563
238	490	₩2,841	₩549
239	495	₩2,846	₩535
240	500	₩2,851	₩521

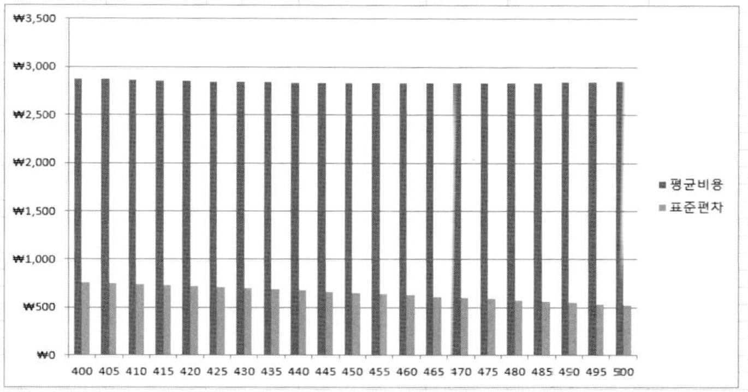

답변: 예약 방의 수를 400에서 500가지 5단위로 세분화한 결과를 보면 예약 방의 수가 470일대 평균비용이 2,830(만원)으로 가장 낮게 발생하면서, 동일한 평균비용이 발생하는 대안 중에서 표준편차도 가장 낮음을 알 수 있다. 독자가 원할 경우, 평균비용은 조금 높으나 표준편차는 낮게 나타난 대안(예를 들어, 대안 475)과의 기대이윤 차이에 대한 99% 신뢰구간을 구함으로써 기대이윤 관점에서 경쟁 대안들의 통계적인 비교를 수행할 수 있다.

16. (1) 엑셀파일 캡처화면(수식에 대한 구체적인 내용은 해당 파일에서 확인 가능)

	A	B	C	D	E	F	G	H	I	J	K	L	M	N	O	P	Q
1	**CH14-16 (자동차 딜러 문제)**										주문량	표본평균	표준편차		주문량	평균	표준편차
2						**수요량 분포**						₩19,186	₩3,184			₩19,186	₩3,184
3	주문가격(단위: 만원)	₩1,000			누적확률	수요량	확률				30	₩18,034	₩2,090		40	₩19,186	₩3,184
4	판매가격(단위: 만원)	₩1,500			0	30	0.2				35	₩18,745	₩2,545		41	₩19,203	₩3,298
5	추가주문가격(단위: 만원)	₩1,200			0.2	35	0.15				40	₩19,186	₩3,184		42	₩19,219	₩3,415
6	처분가격(단위: 만원)	₩900			0.35	40	0.3				45	₩19,268	₩3,777		43	₩19,235	₩3,534
7					0.65	45	0.18				50	₩19,068	₩4,181		44	₩19,251	₩3,655
8	주문량	40			0.83	50	0.17							(1)--->	45	₩19,268	₩3,777
9															46	₩19,228	₩3,854
10	**시뮬레이션**														47	₩19,188	₩3,933
11	반복활동	난수	수요량	판매수입	주문비용	추가주문비용	처분수입	이윤							48	₩19,148	₩4,013
12	1	0.670191	45	₩67,500	₩40,000	₩6,000	₩0	₩21,500							49	₩19,108	₩4,096
13	2	0.223708	35	₩52,500	₩40,000	₩0	₩4,500	₩17,000							50	₩19,068	₩4,181
408	397	0.680046	45	₩67,500	₩40,000	₩6,000	₩0	₩21,500									
409	398	0.338478	35	₩52,500	₩40,000	₩0	₩4,500	₩17,000									
410	399	0.053912	30	₩45,000	₩40,000	₩0	₩9,000	₩14,000									
411	400	0.232947	35	₩52,500	₩40,000	₩0	₩4,500	₩17,000									

답변: 난수를 고정한 후 대안들의 평균이윤을 비교한 결과 주문량이 45인 경우가 평균이윤이 가장 높음을 알 수 있다. 주문량이 44인 경우, 주문량이 45인

경우보다 평균이윤이 조금 작으나 표준편차 또한 작으므로 두 대안의 기대이윤 차이에 대한 신뢰구간을 일정한 신뢰수준으로 구함으로써 기대이윤(expected profit) 관점에서 두 대안의 우열을 통계적으로 결정할 수 있다. 여기에 대해서는 문제 (4)에서 다룬다.

(2)

	A	B	C	D	E	F	G	H	I
1	**CH14-16 (자동차 딜러 문제)**								
2						**수요량 분포**			
3	주문가격(단위: 만원)	₩1,000			누적확률	수요량	확률		
4	판매가격(단위: 만원)	₩1,500			0	30	0.2		
5	추가주문가격(단위: 만원)	₩1,200			0.2	35	0.15		
6	처분가격(단위: 만원)	₩900			0.35	40	0.3		
7					0.65	45	0.18		
8	주문량	40			0.83	50	0.17		
9									
10	**시뮬레이션**								
11	반복활동	난수	수요량	판매수입	주문비용	추가주문비용	처분수입	이윤	
12	1	0.67019	45	₩67,500	₩40,000	₩6,000	₩0	₩21,500	
13	2	0.22371	35	₩52,500	₩40,000	₩0	₩4,500	₩17,000	
408	397	0.68005	45	₩67,500	₩40,000	₩6,000	₩0	₩21,500	
409	398	0.33848	35	₩52,500	₩40,000	₩0	₩4,500	₩17,000	
410	399	0.05391	30	₩45,000	₩40,000	₩0	₩9,000	₩14,000	
411	400	0.23295	35	₩52,500	₩40,000	₩0	₩4,500	₩17,000	
412									
413								평균	₩19,186
414								표준편차	₩3,184
415								주문량 40일 때의 95% 신뢰구간	
416							(2)--->	신뢰구간 하한값	₩18,874
417								신뢰구간 상한값	₩19,498
418								신뢰구간 폭	₩624

계산식은 파일을 참조

(18874, 19498) (단위: 만원)

(3) 계산식은 파일을 참조

(3)--->	반복활동 수	1600

1,600번의 반복활동이 필요하다.

(4) 신뢰구간 계산식은 파일 참조

(4)번--->		주문량				
	반복활동	44	45	차이자료(D_i)		
	1	₩22,300	₩22,500	-₩200		
	2	₩16,600	₩16,500	₩100		
	399	₩13,600	₩13,500	₩100		
	400	₩16,600	₩16,500	₩100	**mu1-m2의 95% 신뢰구간**	
			차이 평균	-₩16	하한값	-₩30.63
			차이 표준편차	₩146	상한값	-₩1.87

5% 유의수준으로 주문량 45일 때의 기대이윤이 주문량 44일 대의 기대이윤보다 크다고 말할 수 있다.
따라서 최적 주문량은 45이다.

주문량 44와 주문량 45의 기대이윤 차이에 대한 95% 신뢰구간은 (−30.63, −1.87)(단위: 만원)로 나타나, 5% 유의수준에서 주문량 45일 때의 기대이윤이 주문량 44일 때의 기대이윤보다 크다고 말할 수 있다. 따라서 최적 주문량은 45이다.

17. @RISK 파일 캡처화면(@RISK 파일은 @RISK를 설치하고 실행한 후에 제대로 볼 수 있음. 모형 수식에 대한 구체적 내용은 해당 파일에서 확인할 수 있음)

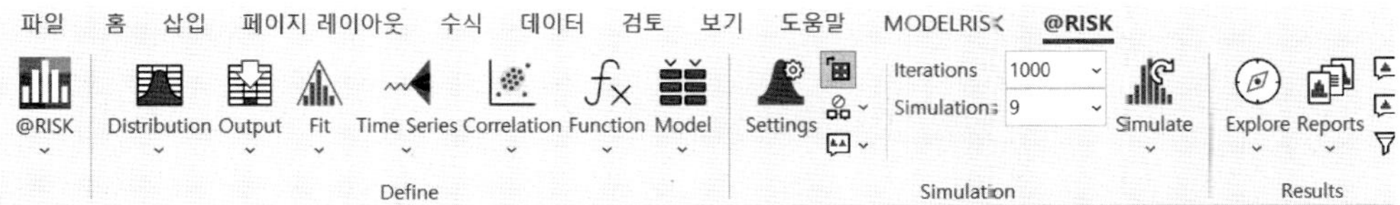

A1 | 14장 17번 (@RISK 파일)

	A	B	C	D	E	F	G	H	I	J
1	**14장 17번 (@RISK 파일)**									
2										
3	주문가격(단위: 만원)	₩1,000		**수요량 분포~N(40,5)**						
4	판매가격(단위: 만원)	₩1,500								
5	추가주문가격(단위: 만원)	₩1,200								
6	처분가격(단위: 만원)	₩900								
7										
8	주문량	32								
9	주문량 대안	32	34	36	38	40	42	44	46	48
10										
11	**시뮬레이션**									
12	수요량	판매수입	주문비용	추가주문비용	처분수입	이윤				
13	35	₩52,500	₩32,000	₩3,600	₩0	₩16,900				

(1) 다음의 시뮬레이션 수행 결과를 보면, 6번째 대안(Sim 6)인 주문량을 42로 하는 것이 평균 이익 19,456.50(만원)을 가져오는 가장 좋은 대안이다.

@RISK - Results Summary

Inputs (2) | Outputs (1) | Statistic Functions (0)

Iterations: 1,000 Simulations: 9 Runtime: 00:00:00:11 Issues: 0

Name	Simulation	Cell	Function	Graph	Minimum	Maximum	Mean	Mode	Median	Std. Deviation	1%	99%	Errors	Filtered
Profit	Sim 1	F13	RiskOutput("Profit")		$11,200.00	$23,200.00	$18,367.30	$18,100.00	$18,400.00	$1,589.64	$13,600.00	$22,000.00	0	0
Profit	Sim 2	F13	RiskOutput("Profit")		$11,000.00	$23,600.00	$18,718.10	$18,500.00	$18,800.00	$1,691.11	$13,400.00	$22,400.00	0	0
Profit	Sim 3	F13	RiskOutput("Profit")		$10,800.00	$24,000.00	$19,022.10	$18,900.00	$19,200.00	$1,850.53	$13,200.00	$22,800.00	0	0
Profit	Sim 4	F13	RiskOutput("Profit")		$10,600.00	$24,400.00	$19,256.80	$19,300.00	$19,600.00	$2,060.60	$13,000.00	$23,200.00	0	0
Profit	Sim 5	F13	RiskOutput("Profit")		$10,400.00	$24,800.00	$19,403.90	$19,400.00	$20,000.00	$2,295.49	$12,800.00	$23,600.00	0	0
Profit	Sim 6	F13	RiskOutput("Profit")		$10,200.00	$25,200.00	$19,456.50	$19,200.00	$19,800.00	$2,521.05	$12,600.00	$24,000.00	0	0
Profit	Sim 7	F13	RiskOutput("Profit")		$10,000.00	$25,600.00	$19,421.80	$19,000.00	$19,600.00	$2,708.33	$12,400.00	$24,400.00	0	0
Profit	Sim 8	F13	RiskOutput("Profit")		$9,800.00	$26,000.00	$19,317.80	$18,800.00	$19,400.00	$2,842.93	$12,200.00	$24,800.00	0	0
Profit	Sim 9	F13	RiskOutput("Profit")		$9,600.00	$26,400.00	$19,167.00	$18,600.00	$19,200.00	$2,926.58	$12,000.00	$25,200.00	0	0

(2) 최적 주문량 42에 대한 이윤의 분포와 이윤의 요약통계량은 다음 그림과 같다.

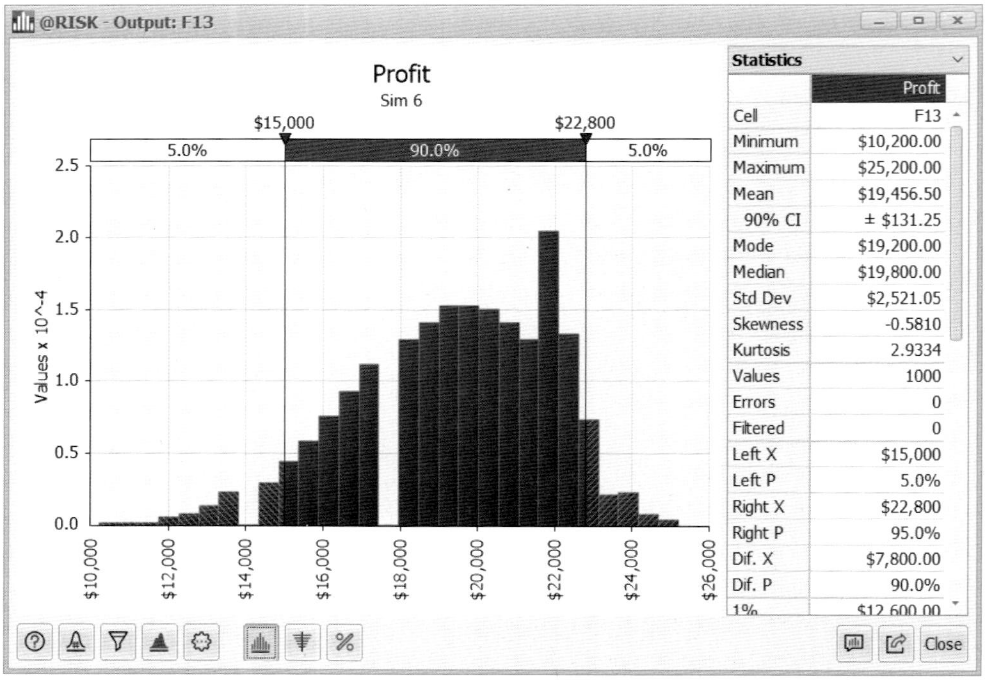

비대칭도(skewness)는 -0.5810으로 왼쪽꼬리분포를 함을 알 수 있다. 평균(19,456.50)이 중앙값(19,800.00)보다 작은 것을 보아서도 왼쪽꼬리분포임을 확인할 수 있다. 첨도(kurtosis)는 2.9334로서 동일한 평균과 표준편차를 갖는 정규분포의 봉우리보다 약간 낮은 봉우리 뾰족 정도를 하는 것을 알 수 있다.

(3) (2)의 분포 그림에서 하위 5%에 해당하는 이윤은 15,000(만원), 상위 5%에 해당하는 이윤은 22,800(만원)임을 알 수 있다. 이러한 결과는 백분위수(percentiles)를 보고도 알 수 있다.

(4) (2)의 그래프의 왼쪽 조절 바를 13,000(만원)에 놓고, 오른쪽 조절 바를 16,000(만원)에 놓으면 그래프가 다음과 같이 나타난다.

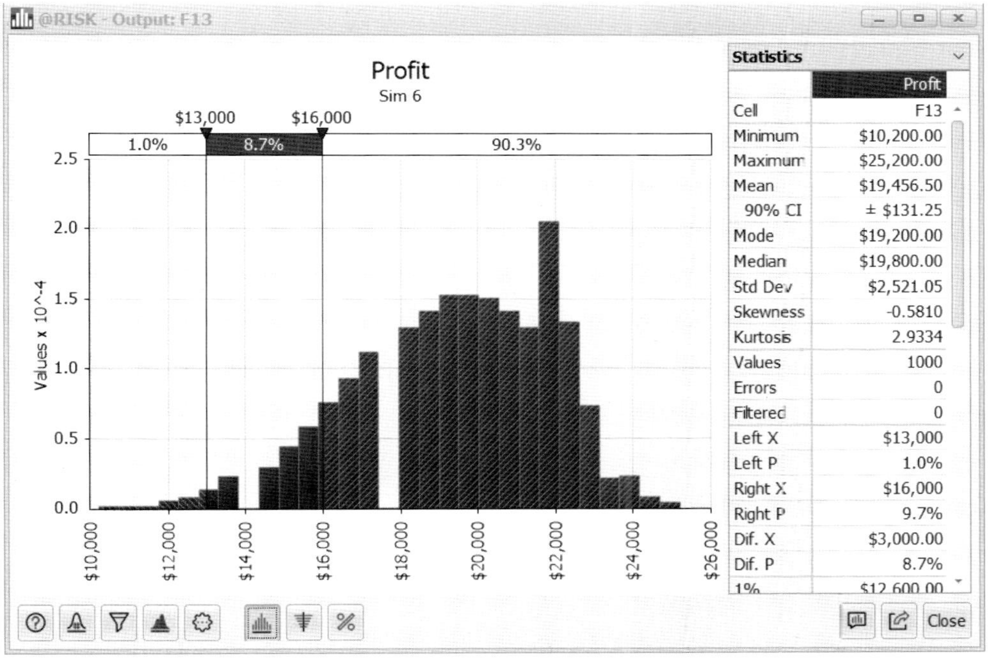

이윤이 13,000(만원) 이하일 가능성은 1.0%, 이윤이 16,000(만원) 이상일 가능성은 90.3%임을 알 수 있다. 즉, 1,000번 반복활동을 수행한 후 이윤이 13,000(만원) 이하로 나타난 경우는 100번, 이윤이 16,000(만원) 이상으로 나타난 경우는 9,030번임을 말한다.

18. 엑셀파일 캡처화면(수식에 대한 구체적 내용은 해당 파일에서 확인 가능)

	A	B	C	D	E	F	G
1	**Ch.14-18 (Kelly 기준)**						
2							
3	**자료**						
4	성공확률	0.4					
5	성공배수	3					
6	기초자산(단위: 만원)	₩100					
7							
8	**전략(의사결정)**						
9	투자금액 비율(%)	10%					
10							
11	**100주 시뮬레이션**						
12	주	기초자산	투자금액	성공?	기말자산		
13	1	₩100.00	₩10.00	1	₩130.00		
14	2	₩130.00	₩13.00	1	₩169.00		
110	98	₩55,983.67	₩5,598.37	0	₩50,385.30		
111	99	₩50,385.30	₩5,038.53	1	₩65,500.89		
112	100	₩65,500.89	₩6,550.09	0	₩58,950.80		
113							
114	수익률	6.587%					
115						**투자전략**	**평균수익률**
116	반복활동	수익률					**4.433%**
117	1	6.587%				**10%**	**4.418%**
118	2	3.879%				**30%**	**4.370%**
214	98	3.497%				**50%**	**4.319%**
215	99	3.879%					
216	100	2.739%				Kelly 기준에 의한 최적 투자비율	0.10
217	평균	4.433%					
218							
219	**답안**						
220	(1) 시뮬레이션 결과 전략 1(당신이 갖고 있는 돈의 10% 투자)이 가장 높은 평균수익률을 산출함을 알 수 있다.						
221	(2) 현 문제상황에서 Kelly 기준에 의한 최적 투자비율은 10%이다. 이 투자비율은 (1)의 시뮬레이션 결과와 일치함을 알 수 있다.						

답변

(1) 시뮬레이션 결과 전략 1(당신이 가진 돈의 10% 투자)이 가장 높은 평균수익률을 산출함을 알 수 있다.

(2) 현 문제 상황에서 Kelly 기준에 의한 최적 투자 비율은 10%이다. 이 투자 비율은 (1)의 시뮬레이션 결과와 일치함을 알 수 있다.

19. **개념적 답변:** 선택한 문을 고수할 경우, 스포츠카를 탈 확률은 1/3이고, 나머지 두 문 중 하나 뒤에 스포츠카가 있을 확률은 2/3다. 이제 내가 선택하지 않은 두 문 중 염소가 있는 문을 사회자가 열어 보여준다. 그러면 내가 다른 문으로 선택을 바꾸게 되면 확률의 합은 1이 되어야 하므로 스포츠카를 탈 확률은 2/3가 된다. 따라서 선택을 바꾸는 것이 스포츠카를 탈 확률을 2배로 증가시킬 수 있다. 이 문제를 시뮬레이션을 이용해 분석하면 다음과 같다.

시뮬레이션을 이용한 답변: 반복활동을 100번 수행한 결과, 선택한 문을 고수하는 것보다 선택한 문을 바꾸는 경우 스포츠카를 탈 확률이 더 높음을 알 수 있다. 실제로 반복활동을 증가시키게 되면 선택한 문을 고수할 때의 스포츠카를 탈 확률은 1/3, 선택을 바꿀 경우 스포츠카를 탈 확률은 2/3에 수렴함을 알 수 있다.

엑셀파일 캡처화면(수식에 대한 구체적인 내용은 해당 파일에서 확인 가능)

	A	B	C
1	**14-19 (몬티홀 문제)**		
5	(2) 시뮬레이션		
6			
7	**자료**		
8	스포츠카가 선택한 문 뒤에 있을 확률	1/3	
9			
10	처음에 선택한 문(어느 문을 선택하든 결과는 같음)	2	
11			
12	**시뮬레이션**		
13	스포츠카가 있는 문	2	
14	사회자 몬티홀이 나머지 두 문 중 보여주는 문	1	
15			
16	당신이 원할 경우 바꾸어 선택하는 문	3	
17			
18	당신의 선택	안바꿈	바꿈
19	스포츠카를 타는지의 여부(1, 0)	1	0
20			
21	**반복활동**	안바꿈	바꿈
22		1	0
23	1	0	1
24	2	0	1
25	3	1	0
26	4	0	1
116	94	0	1
117	95	1	0
118	96	1	0
119	97	1	0
120	98	1	0
121	99	0	1
122	100	0	1
123	평균(스포츠카를 탈 확률)	0.35	0.65

20. 엑셀파일 캡처화면(수식에 대한 구체적인 내용은 해당 파일에서 확인 가능)

	A	B	C	D	E	F
1	**14-20 (마틴게일 베팅 전략 문제)**					
2						
3	초기 보유 금액	$50				
4	승률	0.4				
5						
6	베팅전략: 이기면 계속 1불을 걸고, 지면 베팅금액을 이전의 2배로 증가시킴					
7						
8	**시뮬레이션**					
9	베팅	기초자산	베팅 금액	승패?	기말자산	
10	1	$50	$1	Win	$51	
11	2	$51	$1	Win	$52	
12	3	$52	$1	Win	$53	
13	4	$53	$1	Lose	$52	
14	5	$52	$2	Lose	$50	
54	45	$67	$4	Win	$71	
55	46	$71	$1	Lose	$70	
56	47	$70	$2	Win	$72	
57	48	$72	$1	Win	$73	
58	49	$73	$1	Lose	$72	
59	50	$72	$2	Lose	$70	
60						
61				이윤	$20	
62						
63	반복활동	이윤				
64	1	$20				
65	2	-$4,084				
66	3	$20				
160	97	$11		평균이윤	-$32	
161	98	$18		표준편차	410.8912	
162	99	$21		최소값	-$4,084	
163	100	$1		최대값	$29	

답변: 마틴게일 전략에 따라 게임을 50번 한 후의 이윤을 100번 반복활동을 통해 산출하고, 100개 이윤의 평균과 표준편차, 그리고 최소값과 최대값을 구한 결과는 위와 같다. 특기할 사항은 최소값은 매우 작은 반면 최대값은 그리

크지 않다는 것이다. 따라서 이 전략은 당신을 빚더미에 오르게 할 수 있는 매우 위험한 전략이다.

21. (1) 반복활동을 100회 수행한 결과 A, B, C사의 1년 후 시장점유율은 다음과 같다. A사가 가장 높은 평균 시장점유율(약 55.5%)을 달성함을 알 수 있다.

엑셀파일 캡처화면(수식에 대한 구체적인 내용은 해당 파일에서 확인 가능)

	A	B	C	D	E	F	G	H	I	J	K	L	M
1	**14-21(1) (오렌지 주스 시장점유율 문제)**												
2													
3	**자료**												
4	각 브랜드 불만족 확률												
5		A	B	C									
6		0.10	0.15	0.20									
7													
8	**1년 (52주) 시뮬레이션**												
9	주	A 구입	B 구입	C 구입	A 불만족	B 불만족	C 불만족	A에서 B로	A에서 C로	B에서 A로	B에서 C로	C에서 A로	C에서 B로
10	1	100	100	100	5	22	13	3	2	9	13	4	9
11	2	108	90	102	12	13	26	4	8	5	8	15	11
12	3	116	92	92	12	14	11	5	7	10	4	7	4
13	4	121	87	92	11	12	15	8	3	6	6	6	9
14	5	122	92	86	7	11	11	3	4	8	3	6	5
15	6	129	89	82	11	12	23	3	8	7	5	13	10
16	7	138	90	72	18	17	10	10	8	9	8	10	0
17	8	139	83	78	17	6	15	8	9	3	3	8	7
18	9	133	92	75	21	13	13	9	12	11	2	6	7
19	10	129	95	76	17	14	11	7	10	8	5	8	3
53	44	148	103	49	21	12	15	17	4	10	2	8	7
54	45	145	115	40	10	9	6	9	1	9	0	4	2
55	46	148	117	35	13	14	5	11	2	9	5	1	4
56	47	145	118	37	13	16	7	12	1	15	1	2	5
57	48	149	119	32	12	17	10	10	2	11	6	6	4
58	49	154	116	30	10	20	6	10	0	18	2	3	3
59	50	165	109	26	15	17	4	9	6	14	3	1	3
60	51	165	104	31	12	12	8	8	4	9	3	6	2
61	52	168	102	30	18	14	6	10	8	11	3	3	3
62	53(1년 후)	164	101	35									
63													
64	1년 후 시장점유율												
65		A	B	C									
66		54.7%	33.7%	11.7%									
67													
68	반복활동	A	B	C									
69	1	54.7%	33.7%	11.7%									
70	2	55.3%	35.3%	9.3%									
71	3	54.0%	34.0%	12.0%									
165	97	54.3%	41.3%	4.3%									
166	98	55.7%	32.0%	12.3%									
167	99	52.3%	40.0%	7.7%									
168	100	54.0%	34.7%	11.3%									
169	**평균시장점유율**	55.5%	32.3%	12.1%									

(2) 반복활동을 100회 수행한 결과 A사의 1년 후 시장점유율은 다음 그림과 같이 74.4%로 (1)번의 경우보다 19% 정도 향상됨을 알 수 있다. 따라서 A사는 1,000,000(GBP)의 비용을 들여 19*52*10,000=9,880,000(GBP)의 가치를 더 창출할 수 있으므로 이러한 투자는 그럴만한 가치가 있다.

엑셀파일 캡처화면(수식에 대한 구체적인 내용은 해당 파일에서 확인 가능)

14-21(2) (오렌지 주스 시장점유율 문제)

자료

각 브랜드 불만족 확률

A	B	C
0.05	0.15	0.20

1년 (52주) 시뮬레이션

행	주	A 구입	B 구입	C 구입	A 불만족	B 불만족	C 불만족	A에서 B로	A에서 C로	B에서 A로	B에서 C로	C에서 A로	C에서 B로
10	1	100	100	100	4	18	26	3	1	8	10	11	15
11	2	115	100	85	6	13	16	4	2	5	8	6	10
12	3	120	101	79	3	15	13	0	3	10	5	11	2
13	4	138	88	74	7	13	14	3	4	9	4	6	8
14	5	146	86	68	9	14	12	7	2	12	2	8	4
15	6	157	83	60	6	18	10	2	4	13	5	6	4
16	7	170	71	59	13	8	14	5	8	7	1	8	6
17	8	172	74	54	10	6	14	6	4	4	2	12	2
18	9	178	76	46	7	9	9	5	2	9	0	6	3
19	10	186	75	39	4	10	7	2	2	8	2	6	1
53	44	206	77	17	10	10	2	7	3	9	1	2	0
54	45	207	74	19	8	19	4	5	3	17	2	3	1
55	46	219	61	20	8	7	4	6	2	5	2	3	1
56	47	219	61	20	13	16	4	10	3	14	2	3	1
57	48	223	56	21	12	12	4	6	6	12	0	4	0
58	49	227	50	23	8	7	1	7	1	6	1	1	0
59	50	226	50	24	13	7	6	10	3	7	0	4	2
60	51	224	55	21	6	11	6	6	0	10	1	3	3
61	52	231	53	16	8	8	0	5	3	7	1	0	0
62	53(1년 후)	230	50	20									

1년 후 시장점유율

A	B	C
76.7%	16.7%	6.7%

행	반복활동	A	B	C
69	1	76.7%	16.7%	6.7%
70	2	73.0%	22.0%	5.0%
71	3	77.3%	21.0%	1.7%
165	97	72.0%	22.0%	6.0%
166	98	78.0%	19.7%	2.3%
167	99	75.7%	22.3%	2.0%
168	100	73.0%	24.0%	3.0%
169	**평균시장점유율**	74.4%	21.4%	4.3%

22. 엑셀파일 캡처화면(수식에 대한 구체적 내용은 해당 파일에서 확인 가능)

	A	B	C	D	E	F	G
1	**14-22 (브라우니 문제)**						
2							
3	**참고: 문제에 주어진 브라우니 가격은 천원 단위로 스케일을 변환하여 브랜드의 효용을 계산해야 함.**						
4	**그렇지 않으면 가격의 스케일이 당도 및 씹는 맛의 스케일과 큰 차이를 보여 브랜드의 효용이 가격에 따라 결정됨.**						
5							
6	**가중치 자료**		평균	표준편차			
7		당도	5	1.0			
8		씹는 맛	4	0.6			
9		가격	-9	2.0			
10							
11	**제품 자료**						
12			당도	씹는 맛	가격(천원)		
13		브랜드 1	8	6	₩3.0		
14		브랜드 2	10	7	₩3.8		
15		새로운 브랜드 1	7	5	₩2.0		
16		새로운 브랜드 2	10	9	₩4.8		
17							
18	**가중치 발생**		당도	씹는 맛	가격		
19			5.336258599	3.998264525	-8.8200256		
20							
21	**효용 계산**	제품	효용점수				
22		브랜드 1	40.21957907				
23		브랜드 2	47.8343403				
24		새로운 브랜드 1	39.70508157				
25		새로운 브랜드 2	47.01084373				
26							
27		기존 브랜드보다 선호여부					
28		새로운 브랜드 1	0				
29		새로운 브랜드 2	0				
30							
31	**선호여부에 대한 시뮬레이션**						
32	반복활동	새로운 브랜드 1	새로운 브랜드 2				
33	1	0	0				
34	2	0	1				
35	3	0	0				
36	4	0	0				
129	97	0	1				
130	98	1	0				
131	99	0	1				
132	100	0	0				
133	시장점유율	0.09	0.39				

답변

(1) 100번 반복활동을 수행한 결과, 새로운 브랜드 1과 새로운 브랜드 2의 시장점유율은 9%와 39%로 나타났다. (반복활동 수가 작고, 사용한 난수가 다르므로 여러분의 결과와 답안의 결과는 당연히 차이를 보인다.)

(2) (1)의 결과에 따라 새로운 브랜드 1과 2중 새로운 브랜드 2가 시장점유율을 최대화할 수 있을 것으로 판단된다.

23. 엑셀파일 캡처화면(수식에 대한 구체적 내용은 해당 파일에서 확인 가능)

	A	B	C	D	E	F	G	H
1	**14-23 (한국카드 고객관계관리 문제)**							
2								
3	**자료**							
4	천 비율(churn rate)	0.15						
5	유지비율(retention rate)	0.85						
6	할인율(discount rate)	0.15						
7	평균 대비 표준편차 비율	0.10						
8								
9	**시뮬레이션 모형**						**산출물**	
10	Year	**평균이익(단위: 천원)**	**년말에 이탈?**	**실제 이윤**	**할인된 이윤**		NPV	₩148.76
11	1	-₩40	No	($35.26)	($30.66)		고객유지기간(년)	5
12	2	₩66	No	$56.43	$42.67			
13	3	₩72	No	$63.11	$41.50			
14	4	₩79	No	$85.18	$48.70			
15	5	₩87	Yes	$93.62	$46.55			
16	6	₩92		$0.00	$0.00			
17	7	₩96		$0.00	$0.00			
18	8	₩99		$0.00	$0.00			
19	9	₩103		$0.00	$0.00			
20	10	₩106		$0.00	$0.00			
21	11	₩111		$0.00	$0.00			
22	12	₩116		$0.00	$0.00			
23	13	₩120		$0.00	$0.00			
24	14	₩124		$0.00	$0.00			
25	15	₩130		$0.00	$0.00			
26	16	₩137		$0.00	$0.00			
27	17	₩142		$0.00	$0.00			
28	18	₩148		$0.00	$0.00			
29	19	₩155		$0.00	$0.00			
30	20	₩161		$0.00	$0.00			
31	21	₩161		$0.00	$0.00			
32	22	₩161		$0.00	$0.00			
33	23	₩161		$0.00	$0.00			
34	24	₩161		$0.00	$0.00			
35	25	₩161		$0.00	$0.00			
36	26	₩161		$0.00	$0.00			
37	27	₩161		$0.00	$0.00			
38	28	₩161		$0.00	$0.00			
39	29	₩161		$0.00	$0.00			
40	30	₩161		$0.00	$0.00			

42	반복활동	NPV	고객유지기간(년)
43		₩371.70	12
44	1	₩341.34	12
45	2	₩317.52	10
46	3	₩406.01	15
47	4	-₩36.47	1
48	5	₩485.56	21
138	95	-₩38.72	1
139	96	₩318.79	10
140	97	₩469.48	19
141	98	-₩36.88	1
142	99	₩379.75	13
143	100	₩11.48	2
144	개인평균(문제 1과 2의 답)	₩181.12	7

답변

(1) 100번 반복활동을 수행한 결과, 신규고객 한 사람으로부터 얻을 수 있는 순현재가치의 평균은 181.12(천원)임을 알 수 있다.

(2) 100번 반복활동을 수행한 결과, 신규고객이 한국카드의 고객으로 유지되는 평균 기간은 7년임을 알 수 있다.

(3) 천 비율(churn rate) 변화에 따른 NPV와 평균유지기간의 변화

151	천 비율	NPV	평균유지기간
152	0.05	349.16	16
153	0.1	250.23	10
154	0.15	190.01	8
155	0.2	141.25	5
156	0.25	109.51	4
157	0.3	92.41	4
158	0.35	68.81	3
159	0.4	43.41	3
160	0.45	24.01	2
161	0.5	14.21	2
162			
163	우측의 그래프는 천비율(churn rate)이 0.05에서 0.5까지 0.05단위로		
164	증가함에 따라 순현재가치(NPV)의 평균과 평균 유지기간의 변화를 보여주고 있다.		
165	그래프에서 보듯이 천 비율이 증가함에 따라 NPV의 평균과 평균 유지기간은		
166	하락함을 알 수 있다. 특히, 천 비율이 0.05에서 0.2로 증가하는 범위에서 NPV 평균과		
167	평균 유지기간은 급격히 하락함을 알 수 있다. 이러한 결과는 왜 기업들이 고객		
168	이탈을 방지하기 위해 많은 노력과 비용을 투자하는지 그 이유를 잘 나타내고 있다.		

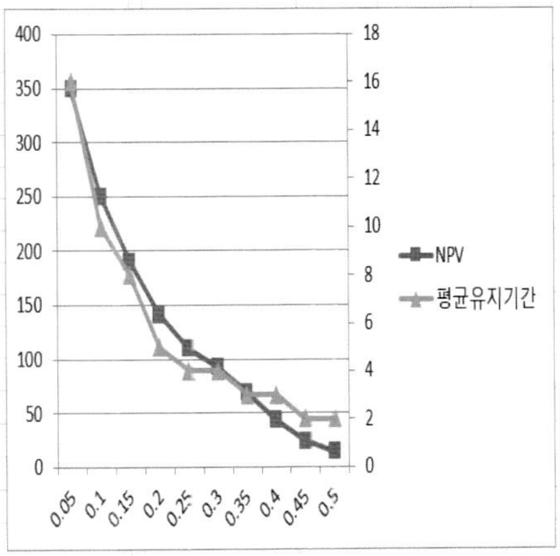

위의 그래프는 천 비율(churn rate)이 0.05에서 0.5까지 0.05단위로 증가함에 따라 순현재가치(NPV)의 평균과 평균 유지기간의 변화를 보여주고 있다. 그래프에

서 보듯이 천 비율이 증가함에 따라 NPV의 평균과 평균 유지기간은 하락함을 알 수 있다. 특히, 천 비율이 0.05에서 0.2로 증가하는 범위에서 NPV 평균과 평균 유지기간은 급격히 하락함을 알 수 있다. 이러한 결과는 왜 기업들이 고객이탈을 방지하기 위해 많은 노력과 비용을 투자하는지 그 이유를 잘 나타내고 있다. (독자들의 시뮬레이션 결과와 본 답변은 난수의 차이, 반복활동 수의 차이로 인해 당연히 다르게 나타날 것이다.)

24. 엑셀파일 캡처화면(@RISK 모형에 대한 구체적 내용은 해당 파일에서 확인 가능)

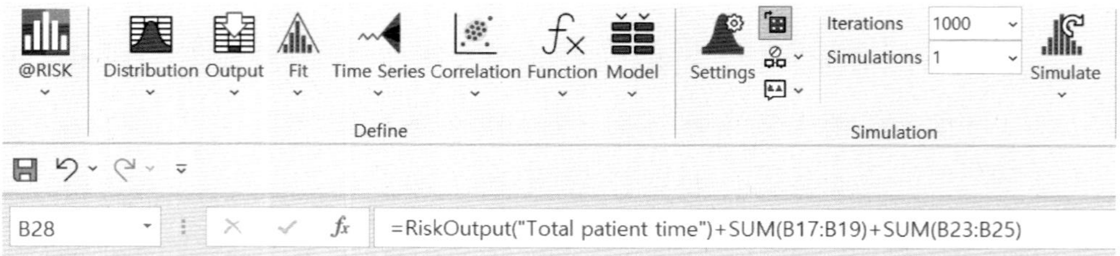

	A	B	C	D	E	F
1	응급실 치료 단계					
2						
3						
4		확률분포	모수 값(단위: 분)			
5	등록	Triangular	1	3	8	
6	간호사 진단	Triangular	6	8	18	
7	의사 진단	Lognormal	9	20		평균 9, 표준편차 20
8	혈액 검사(일반)	Triangular	10	16	25	
9	혈액 검사(속성)	Triangular	5	8	10	
10	의사 재진단	Lognormal	1	5		평균 1, 표준편차 5
11	퇴실 수속	Uniform	2	6		
12						
13						
14						
15	각 활동의 소요시간					
16						
17	등록	3.58				
18	간호사 진단	8.40				
19	의사 진단	0.98				
20						
21	혈액검사를 속성으로 할 것인가?	No				
22						
23	혈액 검사	13.46				
24	의사 재진단	0.08				
25	퇴실 수속	3.01				
26						
27						
28	환자가 응급실에 머무르는 시간	29.51				

(1) A: =RiskTriang(C5,D5,E5)

B: =RiskTriang(C6,D6,E6)

C: =RiskLognorm(C7,D7)

D: =IF(SUM(B17:B19)>=20,"Yes","No")

E: IF(B21="No",RiskTriang(C8,D8,E8),RiskTriang(C9,D9,E9))

또는 IF(B21="Yes",RiskTriang(C9,D9,E9),RiskTriang(C8,D8,E8))

F: =RiskLognorm(C10,D10)

G: =RiskUniform(C11,D11) 또는 C11+(D11-C11)*RAND()

H: =SUM(B17:B19)+SUM(B23:B25)

(2) 특정 환자집단에 속한 개별 환자의 치료 활동

(3) 평균=41.73(분), 중앙값=38.12(분)

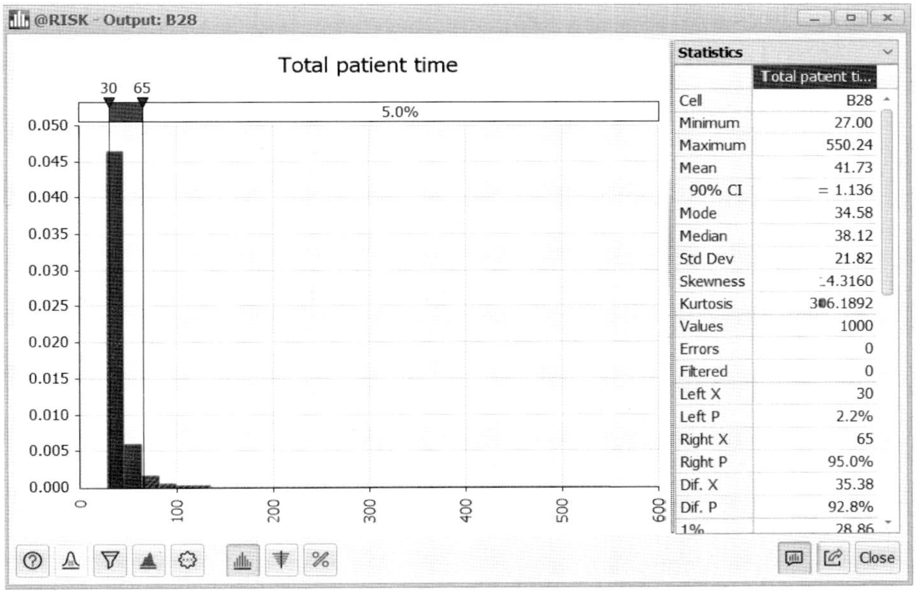

(4) 2.1%. (3)의 그래프에서 보는 바와 같이 왼쪽 조절 바를 30(분)에 맞추어 이동하면 좌측 확률은 2.2%임을 확인할 수 있다.

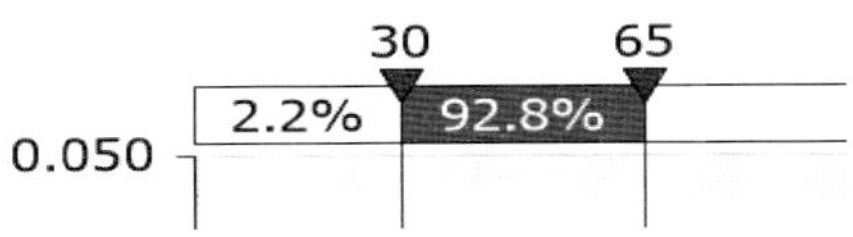

(5) 토네이도 그래프와 스파이더 그래프는 다음과 같다.

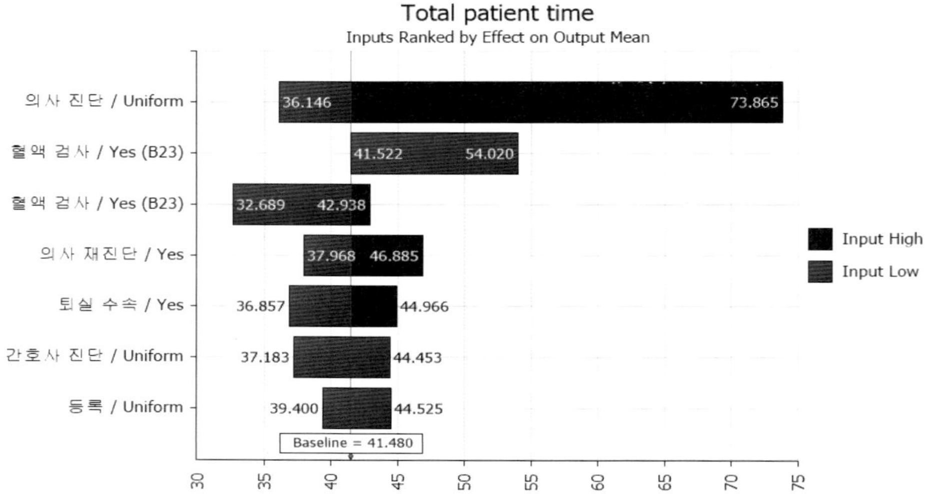

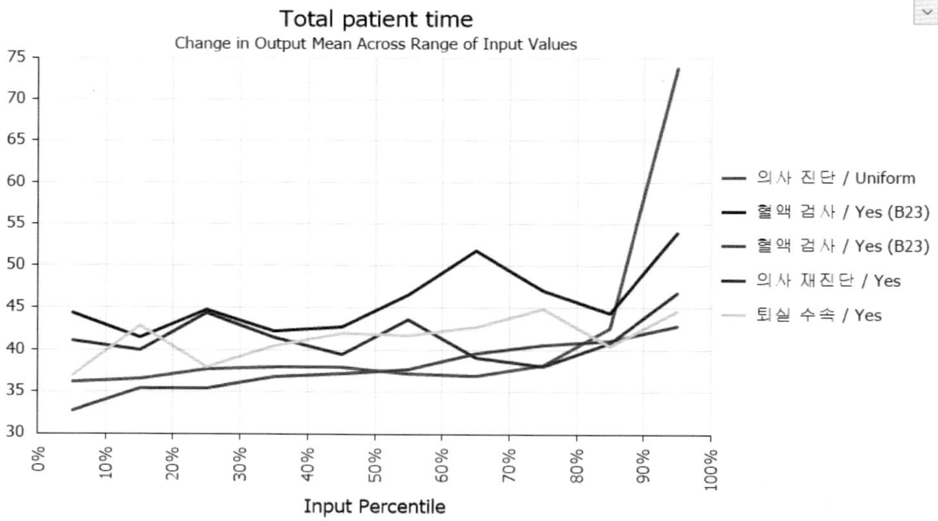

위의 두 그래프를 통해 의사 진단에 걸리는 시간이 결과변수(환자가 응급실에 머무르는 시간)에 양(+)의 방향으로 가장 큰 영향을 미침을 알 수 있다.

주) 그래프에 나타난 입력변수의 이름은 컴퓨터가 모형의 셀 위치에 따라 자동으로 설정한 것이다.

25. 엑셀파일 캡처화면(@RISK 모형에 대한 구체적 내용은 해당 파일에서 확인 가능)

	A	B	C	D	E	F	G	H	I	J	K
1	**경영대학 건물 건립 일정관리**										
2											
3	**프로젝트 자료**										
4	Activity	Code	Numeric index	Predecessors	Mean	Stdev	Duration	Duration+	a	b	c
5	자금확보	A	1	None	6	0.6	6.812	6.813	4.8	6	8.4
6	건물설계	B	2	A	8	1.3	8.736	8.736	5.4	8	13.2
7	대지 준비	C	3	A	2	0.2	2.116	2.116	1.6	2	2.8
8	기초공사	D	4	B,C	2	0.3	2.640	2.640	1.4	2	3.2
9	벽, 지붕 공사	E	5	D	3	1	3.962	3.962	1	3	7
10	외부 공사 완료	F	6	E	3	0.6	2.581	2.581	1.8	3	5.4
11	내부 공사 완료	G	7	D	7	1.5	10.992	10.992	4	7	13
12	주변 환경 조성	H	8	F,G	5	1.2	4.430	4.430	2.6	5	9.8
13											
14	**Index of activity**	1									
15											
16	**Event times**				**Probabilities of being critical activity**						
17	Node	Event time	Event time+		Activity	Probability					
18	1	0	0		A	1					
19	2	6.812	6.813		B	1					
20	3	15.548	15.549		C	0					
21	4	18.187	18.188		D	1					
22	5	22.149	22.150		E	0.337					
23	6	29.180	29.181		F	0.337					
24	7	33.610	33.611		G	0.663					
25					H	1					
26	Less than 2 years?	0	확률	0.002							
27	More than 30 months?	1	확률	0.509							
28	Increase in project time?	1									

(1)

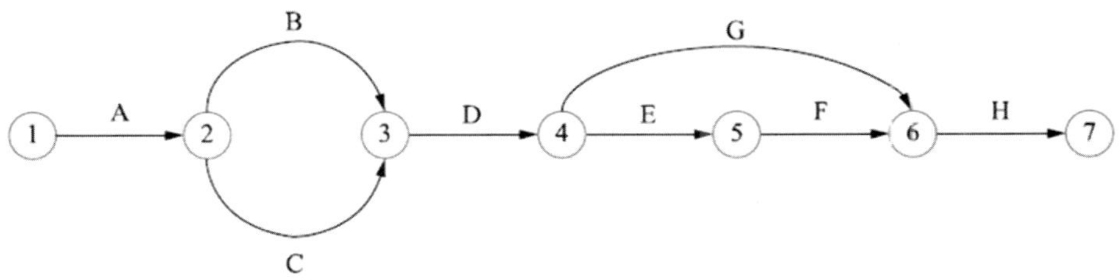

(2) 0.2% (모형 파일의 셀 D26의 값이다.)

(3) 50.9% (모형 파일의 셀 D27의 값이다.)

(4) A: 100%, B: 100%, C: 0%, D: 100%, E: 33.7%, F: 33.7%, G: 66.3%, H: 100% (모형 파일의 셀 범위 F18:F25의 값이다.)

26. (1) 맥도날드의 평균 시장점유율=55.56%, 버거킹의 평균 시장점유율=44.44% (시장점유율을 구하기 위해 행 63에서 53주 초의 맥도날드 고객 수와 버거킹 고객 수를 구한 것에 유의하라.)

엑셀파일 캡처화면(@RISK 모형에 대한 구체적 수식은 해당 파일에서 확인 가능)

	A	B	C	D	E
1	**입력자료**				
2					
3	맥도널드로의 전환 학률	0.15			
4	버거킹으로의 전환 확률	0.12			
5	시장 크기(명)	5000			
6	맥도널드 현재 시장 점유율	0.58			
7					
8					
9	**Simulation**				
10	주	맥도널드 고객 수(주초)	버거킹 고객 수(주초)	맥도널드로 전환 고객 수	버거킹으로 전환 고객 수
11	1	2900	2100	315	348
12	2	2867	2133	320	344
13	3	2843	2157	324	341
60	50	2779	2221	333	333
61	51	2779	2221	333	333
62	52	2779	2221	333	333
63	53	2779	2221		
64					
65	**1년 후 시장점유율**	맥도널드	버거킹		
66		55.58%	44.42%		
67					
68		맥도널드	버거킹		
69	**1년 후 시장점유율의 평균**	55.56%	44.44%		

(2) 맥도널드로의 전환 확률 3가지와 버거킹으로의 전환 확률 3가지를 조합한 9가지 대안 각각에서의 맥도널드와 버거킹의 1년 후 평균 시장점유율은 다음 그림의 셀 범위 B71:C79와 같다. 모형 파일에서 9개 대안 각각에서의 맥도널드로의 전환 확률, 버거킹으로의 전환 확률이 어떻게 설정되었는지 해당 식을 확인하기를 바란다.

	A	B	C	D	E	F	G	H	I
1	**입력자료**								
2									
3	맥도널드로의 전환 확률	0.1					**Index**	**맥도널드로의 전환 확률**	**버거킹으로의 전환 확률**
4	버거킹으로의 전환 확률	0.1					1	0.1	0.1
5	시장 크기(명)	5000					2	0.1	0.12
6	맥도널드 현재 시장 점유율	0.58					3	0.1	0.14
7	대안	1					4	0.15	0.1
8							5	0.15	0.12
9	**Simulation**						6	0.15	0.14
10	주	맥도널드 고객 수(주초)	버거킹 고객 수(주초)	맥도널더로 전환 고객 수	버거킹으로 전환 고객 수		7	0.2	0.1
11	1	2900	2100	205	285		8	0.2	0.12
12	2	2820	2180	226	265		9	0.2	0.14
13	3	2781	2219	198	243				
60	50	2481	2519	274	252				
61	51	2503	2497	236	245				
62	52	2494	2506	259	248				
63	53	2505	2495						
64									
65	**1년 후 시장점유율**	McDonald's	Burger King						
66		50.10%	49.90%						
67									
68									
69	**1년 후 시장점유율의 평균**								
70	**대안**	**맥도널드**	**버거킹**						
71	**1**	0.5000128	0.4999872						
72	**2**	0.4545596	0.5454404						
73	**3**	0.4166676	0.5833324						
74	**4**	0.6000032	0.3999968						
75	**5**	0.555559	0.444441						
76	**6**	0.5172504	0.4827496						
77	**7**	0.666672	0.333328						
78	**8**	0.6250042	0.3749958						
79	**9**	0.5882382	0.4117618						

결과를 해석하면 시작 점유율과 관계없이 전환 확률이 동일한 대안 1의 경우, 1년 후 시장점유율은 거의 같아짐을 확인할 수 있다. 그리고 고객의 자사로의 전환 확률보다 경쟁사로의 전환 확률이 높으면 1년 후 시장점유율은 경쟁사보다 낮게 됨을 확인할 수 있고, 전환 확률의 차이가 크면 클수록 시장점유율의 차이는 더 크게 벌어짐을 알 수 있다. 즉, 경쟁 시장에서 자사의 시장점유율을 유지 및 확대하기 위해서는 고객이 경쟁사로 이탈하는 비율을 낮추는 노력이 필요함을 알 수 있다.

27. 엑셀파일 캡처화면(@RISK 모형에 대한 구체적 수식은 해당 파일에서 확인 가능)

	A	B	C	D	E	F
1	**질병 확산문제**					
2						
3	**Input section**					
4	초기 감염자(명)	5				
5	초기 정상인(명)	95				
6	정상인이 감염자와 접촉할 확률	0.05				
7				백신 미사용	백신 사용	
8	감염자와 접촉했을때 감염될 확률	0.1		0.5	0.1	
9	감염자가 사망할 확률	0.1				
10						
11	**Simulation section**					
12	기간	정상인(기초)	신규감염자	감염자(기초)	사망자	기초 총인구
13	1기	95	3	5	0	100
14	2기	92	6	8	1	100
108	96기	0	0	0	0	0
109	97기	0	0	0	0	0
110	98기	0	0	0	0	0
111	99기	0	0	0	0	0
112	100기	0	0	0	0	0
113	101기	0		0		0
114						
115	**결과 셀**					
116			백신 미사용	백신 사용		
117			확률			
118	인구의 멸종 여부	1	0.998	0.496		
119	질병의 소멸 여부	0	0	0.497		
120	100기간 후 정상인의 비율	0%	0	0.00787		

(1) 백신 미사용 시 99.8%, 백신 사용 시 49.6%

(2) 백신 미사용 시 0%, 백신 사용 시 49.7%

(3) 백신 미사용 시 건강한 상태로 남게 되는 사람은 존재하지 않는다. 백신 사용 시 그 비율은 0.787%

28. 엑셀파일 캡처화면(@RISK 모형에 대한 구체적 수식은 해당 파일에서 확인 가능)

	A	B	C	D	E	F	G	H	I	J	K
1	질병 확산문제(SIR 모형)										
2											
3	Input section										
4	초기 감염자(명)	5		Index	감염율	치료율					
5	초기 정상인(명)	95		1	0.5	0					
6	정상인이 감염자와 접촉할 확률	0.05		2	0.5	0.1					
7				3	0.5	0.3					
8	Simulation index	1		4	0.5	0.5					
9	감염자와 접촉했을때 감염될 확률	0.5		5	0.1	0					
10	감염자가 사망할 확률	0.1		6	0.1	0.1					
11	감염자가 치료될 확률	0		7	0.1	0.3					
12				8	0.1	0.5					
13	simulation section										
14	기간	정상인(기초)	신규감염자	감염자(기초)	사망자	신규회복자	기초 총인구				
15	1기	95	10	5	0	0	100				
16	2기	85	31	15	3	0	100				
112	98기	0	0	0	0	0	0				
113	99기	0	0	0	0	0	0				
114	100기	0	0	0	0	0	0				
115	101기	0		0			0				
116											
117	결과 셀										
118			감염율	0.5	0.5	0.5	0.5	0.1	0.1	0.1	0.1
119			치료율	0	0.1	0.3	0.5	0	0.1	0.3	0.5
120	대안(index)			1	2	3	4	5	6	7	8
121	인구의 멸종 여부	1	인구멸종확률	99.40%	0.20%	0.00%	0.00%	46.30%	0.00%	0.00%	0.00%
122	질병의 소멸 여부	0	질병소멸확률	0.00%	99.70%	100.00%	100.00%	52.60%	99.70%	100.00%	100.00%
123	100기간 후 정상인의 비율	0.00%	비율평균	0.00%	5.17%	15.21%	24.76%	0.79%	24.14%	80.55%	96.52%

주) 이 문제에서 치료율이 '0'인 대안 1과 대안 5는 문제 27의 경우이다.

(1) ① 8가지 대안의 인구 멸종 확률은 셀 범위 D121:K121의 값과 같다.

② 8가지 대안의 전염병 소멸 확률은 셀 범위 D122:K122의 값과 같다.

③ 8가지 대안의 100기간 후 건강한 상태로 남게 되는 인구의 비율은 셀 범위 D123:K123의 값과 같다.

(2) 백신을 사용하지 않는 경우(감염율 50%)와 백신을 사용하는 경우(감염율 10%) 모두 치료약이 개발되면 100기간 후 인구가 멸종할 가능성은 거의 사라지고,

질병이 사라질 가능성은 거의 100%가 됨을 알 수 있다. 100기간 후 건강한 상태로 남게 되는 인구의 비율(정상인의 비율)은 백신을 사용하고, 치료약의 치료율이 높을수록 현저히 빠른 속도로 높아짐을 알 수 있다. 백신을 사용하고 치료율이 50%로 가장 높은 경우, 100기간 후 인구가 멸종할 가능성은 사라지고, 질병은 확실히 소멸되며, 건강한 상태로 남게 되는 인구의 비율은 96.52%로 매우 높아짐을 알 수 있다. 결론적으로 질병의 확산을 막기 위해서는 백신의 사용과 치료율이 높은 치료약의 개발이 필요함을 시뮬레이션을 통해 확인할 수 있다.